훈민정음과 한글의 세계

훈민정음과 한글의 세계

초판 1쇄 발행 2021년 1월 20일
초판 2쇄 발행 2022년 8월 31일

지은이 이상혁
펴낸이 박찬익

펴낸곳 ㈜**박이정**
주 소 경기도 하남시 조정대로45 미사센텀비즈 7층 F749호
전 화 031) 792-1193
팩 스 02) 928-4683
홈페이지 www.pjbook.com
이메일 pijbook@naver.com
등 록 2014년 8월 22일 제2020-000029호

ISBN 979-11-5848-602-0 03710

훈민정음과 한글의 세계

이 상 혁 지음

(주)박이정

훈민정음과 한글을 위하여

21세기 언어 환경이 급격하게 변하고 있다. 2천 년 이상 영광을 누렸던 종이는 위축되었다. 그에 반해 IT의 발달에 따라 아날로그 시대에서 디지털 시대로 전환되면서 인쇄술은 더욱 고도화되었다. 그리고 우리가 사용하는 문자의 역할은 더 중요하게 우리의 삶을 지배하고 있다. 새로운 시대에 시각적 기호가 넘쳐나는 세상이 되었다.

과거에 문자는 정보 저장의 도구였다. 인간의 소통 의지에 따라서 그 무엇을 적는 수단이었고, 문자를 통한 지식은 후세에 전해졌다. 문자는 음성 언어와 함께 의사소통의 수단이었다. 인간은 사회를 형성한 이래 끊임없이 문자로 소통해 왔다. 그 과정에서 갈등이 해소되고 문자는 계속 발전해 갔다. 문자는 단순한 기호가 아니라 문화적 상징 코드가 되기도 하였다. 이제 정보화 시대에 문자는 새로운 기능을 요구받고 있다.

이런 시점에 필자는 문자와 훈민정음, 그리고 한글에 대해 다시 돌아볼 기회를 고민했다. 그리고 마치 공기처럼 내 곁에 머물러 있으며, 나에게 생명력을 불어 넣는 문자, 한글의 가치를 다시 한번 되짚어 보고자 했다. 최근에는 한류 열풍과 맞물려 한글에 대한 관심은 한국인뿐만 아니라 한국어를 배우는 외국인들에게도 높아졌다. 그래서 다시 그 역사를 정리해 보고 싶었다.

이 책은 그렇게 기획되었다. 문자 발달사에서 우리가 쓰고 있는 한글은 어디에 있는지, 그리고 문자로서 한글의 원형, 훈민정음에 대해 우리가 알아야 할 것은 무엇인지 다시 살펴보고자 했다. 근대를 관통하고 현대에 이르면서 한글은 어떤 역할을 해 왔으며, 어떻게 우리 곁을 지키고 있는지 되돌아보고자 했다. 통일의 시대가 요원하지만, 한국어와 한글의 통일을 소망하기도 했다. 그리고 세계 속으로 날고 있는 한글이 훈민정음과 다른 존재가 아닌 동일체임을 특별히 강조해 보았다.

이 책은 순수 어학 연구서가 아니다. 훈민정음과 한글을 중심으로 문자학을 논하는 이론서의 성격도 아니다. 그러나 필자가 연구했던 훈민정음 관련 내용과 주제들이 망라되어 있다. 따라서 한국어학사의 담론을 담고 있기 하지만, 꼭 그렇지만도 않다. 훈민정음과 한글의 지식을 독자들과 다소 쉽게 공유하고 싶은 소망에서 엮어낸 훈민정음과 한글의 인문 언어 교양서이다.

앞으로 한글은 어떻게 변화하고 진화할지 모른다. 그러나 그 미래는 어둡지 않을 것으로 전망한다. 한글을 사용하는 관계자들은 이 나라 모든 국민이기 때문이다. 지루하고 어쩌면 흥미롭지도 않을 이 책이 훈민정음과 한글에 대한 호기심과 상상력을 가진 분들께 아주 작은 밑거름이 되길 빈다.

이 책이 나오기까지 도움을 주신 박찬익 사장님, 그리고 편집부의 한병순 부장님에게 깊은 감사의 인사를 드린다. 무엇보다도 책을 낼 수 있었던 힘의 원천은 학교의 학생들이었고, 가족이다. 마지막으로 이 훈민정음과 한글이 빛을 발하는 데 희생과 노력을 아끼지 않은 역사 속 모든 이들에게도 경의를 표한다.

2021년 신축년 새해
한성대 낙산재에서
필자 씀

차례

1. 문자와 인간

인간은 언어를 사용하는 유일한 동물이다. 인간이 다른 동물과 구별되는 대표적인 특징은 바로 언어를 가지고 있다는 것이다. 인간은 자신들만이 가지고 있는 이 고유한 수단으로 소통해 왔다. 이 언어를 우리는 크게 두 개로 나눠 볼 수 있다. 그 하나는 음성 언어이고 다른 하나는 문자 언어이다. 이 중에서 음성 언어는 인류의 진화와 밀접한 관련이 있어서 문자 언어에 비해 훨씬 먼저 발달되었다. 인간의 진화와 함께 음성 언어도 함께 각 지역에 따라 발생했지만, 문자 언어의 탄생은 한참 후의 일이었다.

인류가 지구상에 나타난 후에 비로소 인간의 언어가 발생했을 것이다. 인간의 음성 언어는 멀게는 수백 만 년 전 가깝게는 몇 십만 년 전에 발생을 했으리라는 추측은 가능하다. 그러나 언제부터 음성 언어가 발생했는지, 그리고 어떤 환경과 조건 아래에서 음성 언어가 어떻게 발전해 왔는지 밝히는 작업은 과거에도 꾸준히 진행되었다. 그러나 그 실증적 증명의 한계에 봉착했기 때문에 현대 언어학에서 음성 언어의 기원을 논하는 것은 대단히 어려운 일이 되어 버렸다.

　다만 인간의 뇌 용량 증가에 따른 사유 능력의 확장, 직립 보행이 이루어지고 구강 구조가 진화되면서 인간이 소리를 낼 수 있게 되었다. 그리고 그 소리가 의미를 담아 세상으로 퍼져 나간 사실은 부정할 수 없다. 그 음성 언어는 하나가 아니었고, 각 지역의 문명 발달과 함께 여러 언어로 분화되고 또 발전해 갔다. 그 과정에서 음성(sound)은 언어의 형식이 되고, 인간의 사유에 기반을 둔 의미(meaning)는 언어의 내용이 되었다. 소위 말하는 언어의 이원성(duality)이다. 그러나 그 형식과 내용을 인류 전체가 온전히 하나로 공유할 수는 없었고, 각 지역은 그 풍토에 맞는 언어로 발전하고 진화했다.

　모든 인류가 음성 언어를 가질 수는 있었지만, 불행하게도 문자 언어는 모두에게 돌아가지 않았다. 인류가 사회를 형성하고 의사소통을 하면서 발달해 가는 양상이 달랐기 때문이다. 그에 따라서 음성 언어에 어울리는 문자 언어를 가지고 있었던 지역과 민족이 있었는가 하면 기원전부터 지금에 이르기까지 제 언어의 문자를 가지지 못한 지역과 민족도 존재했다. 그들은 다른 지역의 문자를 자신들의 언어 체계 안으로 받아들여 변형하고 가공하였고, 기록으로 축적했다.

〈세계의 문자 분포〉

그런데 음성 언어가 공기 중으로 퍼지면 그것은 이내 사라져 버렸고 인간이 그것을 기억하는 일은 제한적일 수밖에 없었다. 무엇을 기록하고 서로 소통해야 했던 각 지역의 인류는 문자의 필요성을 절감한 것이다. 음성 언어의 한계, 즉 시간성과 공간성의 제약은 문자의 발생을 더욱 가속화했으며, 문자는 인류 문명사와 함께 그 발전 과정에서 만들어지고, 다양하게 발달하였다. 그리고 역사 발전을 거듭하면서 인류는 보다 고차원이고 다양한 문자를 갖게 되었다.

문자의 기원은 기원전 5만 년 경 구석기 중기에 돌이나 뼈에 새긴 조각에서 찾을 수 있다고 한다. 규칙적인 간격을 두고 새겨진 것인데 이것은 그 후 흔해져서 기원전 1만 년 무렵에는 선사 인류가 사용하던 그림 문자가 된 것으로 알려져 있다. 사육하던 소의 수를 막대기에 새겨서 표시한 계산 막대기(counting stick), 여러 가지 빛깔의 조개를 염주처럼 꿰어서 어떤 의사 표시를 했던 것으로 추정되는 조개구슬(wampum), 고대 페루 등에서 쓰이던 것으로 새끼의 종류, 매듭의 빛깔, 길이의 배합 상태에 따라서 주로 물건의 수량을 표시했던 새끼 매듭(quipu writing) 등이었다. 특히 마지막 것은 결승문자(結繩文字)라고 불리기도 했다.

이런 문자의 초기 형태들은 기억을 보조해 주는 수단에 불과했다. 그러나 문자의 발생과 발달은 음성 언어의 한계를 보완해 주기도 했고, 무엇인가를 기록하고자 하는 인간의 욕망과 의지를 충족시켜 주기도 하였다. 그 과정에서 문자는 필연적으로 그것을 알고 소유하는 지배자와 그것을 알지 못하는 피지배자로 사람을 나누게 만드는 구실을 제공하기도 하였다. 무엇을 쓰고 읽을 수 있는 자와 그렇지 못한 자의 차이는 세상을 통제하거나 세상의 지배를 받는 불평등을 낳았고 계급의 갈등을 촉발했다. 문자를 아는 사람들과 모르는 사람들의 정보 격차는 역사 과정에서 계속 반복되었다.

물론 21세기에 문자 없이 언어생활을 영위하는 지역과 민족은 거의 찾아볼 수 없다. 그런 측면에서 문자는 항상 언어와 불가분의 관계를 형성하고 있다. 문자는 인간이 의식적으로 만들어 낸 문화적 피조물이기 때문에 그것을 사용한 인류 문명과 아주 밀접한 관계를 맺었다. 그리고 이 문자는 먼저 발생한 인간의 언어와도 분리하여 파악될 수 없는 대상이 된 것이다.

2. 우리에게 문자란?

그렇다면 도대체 문자란 무엇인가? 사전적 정의를 통해 우리는 쉽게 '문자'를 정의할 수 있다. 그런데 최근에 넘쳐나는 수많은 기호들을 관찰하다 보면, 전통적인 맥락의 사전적 정의가 과연 타당한 것인지 의문이 들기도 한다. 문자의 개념이 확장될 가능성도 있고 이미 확장되었기 때문이다. 음성 언어와 무관하게 만들어지는 유사 문자들이 많아진 세상이 우리 앞에 펼쳐지고 있다.

문자(letter, script)는 말이나 소리를 시각적으로 구현해 내고, 표기할 수 있도록 고안된 기호 체계라고 정의할 수 있다. 시각적 기호라는 점에서 문자는 일종의 기호이다. 또한 인간이 사회생활을 영위하면서 의도적으로 만든 것이기 때문에 사회적 규약(convention)의 성격을 띠고 있다. 그리고 각 지역이나 나라마다 문자의 형태와 모양도 달라서 그 사용 양상도 문자의 수만큼 다양하다. 각 지역이나 특정한 나라의 문화에 기반을 둔 관습적 성격도 문자의 속성이다.

다른 한편으로는 문자는 음성 언어가 가지고 있는 추상적 규약을 시각적으로 실현하는 또 다른 약속이라고 부를 수도 있다. 음성 언어가 입과 귀를 통하여 인간의 의사소통을 담당한다면 문자는 눈을 통하여 의사소통을 한다는 점에서 눈에 보이는 기호(visible marks)라고 부를 수도 있다.

漢 汉 ABC देवनागरी 🌡 אלפבית ひ カ 字 字 αλφάβητο Кириллица أبجدية ら タ カ た라이ㅂ빅닥 ตัวอักษรไทย ΚΝΡΛΚ 한글 が な ナ

위에서 볼 수 있는 기호는 다양한 문자들이다. 우리 '한글'도 보이고 일본 가나 문자도 눈에 띤다. 중국의 한자, 라틴 문자, 그리스 문자, 키릴 문자 등도 우리에게는 그나마 익숙하다. 그러나 처음 보는 문자들은 과연 어느 나라에서 사용되고 있는지 대부분의 사람들은 알 길이 없다. 그러나 위의 기호들은 '눈에 보이는 것'들이라는 점에서 문자의 위상을 확보했다.

이러한 문자는 그에 대응하는 음성 형식이 존재한다. 그리고 그 문자의 다양한 결합을 통해 특정한 의미를 드러내기도 한다. 이 문자들이 말과 직접적인 관계를 맺는 기록의 수단이 아니었다면, 그 정체성을 잃고 사라졌을지도 모른다. 음성언어의 한계를 보완해 주는 역할을 하는 문자이지만, 언제나 인간의 음성 언어와 직접 연관된다는 점에서 문자는 음성 언어의 또 다른 형식이기도 하다.

그렇다면 지금 보이는 이 시각적 기호는 어떠한가? 이 기호를 모르는 사람은 없을 것이다. 우리나라에만 국한된 것이 아니라 전세계적이

며 범용적이다. 그런데 이 기호를 우리는 과연 문자라고 부를 수 있을까? 전통적인 문자의 정의에 따르면 불가능해 보인다. 이 기호에 대한 음성 형식이 제각각이고 고정되어 있지 않기 때문이다. 그러나 눈에 보이는 기호라는 점을 고려해 보면 넓은 의미의 문자에 해당할 수도 있다.

이런 시각적 기호는 위의 이미지 말고도 무수히 많다. 어떤 신호를 알리는 봉화, 자동차가 다니는 사거리의 신호등, 야구 감독의 현란한 사인 동작, 어느 무용수의 춤사위, 청각장애인을 위한 수어(手語) 등도 모두 시각적 기호이다. 이들은 그 음성 형식은 없지만, 각각 다양한 의미를 담고 있거나 의미를 발산한다. 이것들을 넓은 의미의 문자로 보고자 한다면, 문자의 개념이 확장되어야 할 것으로 보인다.

그러나 위의 시각적 기호들은 언제나 항구적이거나 보편적이지 않을 수도 있다. 예컨대 해외에 가서 국내와는 다른 교통 신호 표시 등과 같은 공공 기호를 보고 그것이 무엇을 의미하는지 혼란스러움을 경험한 적이 있을 것이다. 또한 보편적 기호가 아니라 그 문화권 안에서만 사용되는 시각적 기호를 종종 보기도 했을 것이다. 지금 보는 이 시각적 기호는 어떠한가?

위의 신사(神社) 도리이(鳥居) 표시는 일본이라는 나라에서 그 문화를 아는 사람들이 이해할 수 있는 시각적 기호이다. 이 도리이는 특정한 공간에서는 다른 의미를 내포하고 있다. 독자들은 저 표시를 '소변 금지'의 의미로 이해할 수 있겠는가? 이렇듯 시각적 기호는 말을 기록하는 수단이 아니기 때문에 상황 의존적이며, 맥락 의존적 성격이 강하다. 그렇게 보면 어떤 음성 형식을 갖춘 언어 단위, 예컨대 단어, 음절이 시각적 기호와 1:1의 대응 관계를 가질 때만 문자의 자격을 얻을 수 있음을 알 수 있다. 위의 기호들은 그 조건을 충족하지 못하고 있기 때문이다. 상황 의존적 의미를 띤 시각적 기호일 뿐이다.

그 반면에서 겔브(Gelb, 1962)는 문자의 기존 정의를 비판한 바 있다. 시각적 속성을 띠고 있으며, 의사소통에 기여한 모든 것은 문자로 보았다. 인류가 손을 움직여 만든 모든 시각적 표시들은 그림을 포함하여 문자가 될 수 있으며, 문맥이나 상황에 따라 음성 언어에 1:1로 대응되지 않아서 그 의미가 달라지더라도 문자의 역할을 수행하는 것으로 파악했다.

여기서 우리는 문자를 다시 정의해 볼 수 있다. 언어를 보조하는 수단으로 한 언어의 체계 안에 음성 언어로 환원될 수 있는 기호, 다시 말하면 소리를 적는 문자(glottic writing)가 전통적인 의미의 문자이다. 또한 시각적인 기호 체계 전부를 문자로 이해하고 특정한 문화권에서 관습적이고 규약적인 기호를 가리키는 비표음적 문자(non-glottic writing)도 넓은 의미의 문자로 볼 수 있다.[1] 문장 부호, 숫자, 도형, 수학기호, 현대의 다양한 아이콘, 점자, 발음 기호, 교통 표지판 등이 그것이다. 이러한 문자의 개념 확대는 의미와 소통과 연관되어 있고 '시각화된 기호'로 이어지고 있다.

---

[1] 김하수·연규동, 『문자의 발달』, 2015, 커뮤니케이션스북스, 11~14쪽 참조.

말이나 소리를 시각적으로 구현해 내고, 표기할 수 있도록 고안된 기호 체계라는 전통적인 문자의 정의가 부정될 수는 없다. 그러나 다양한 시각적 기호로 수많은 의미가 파생적으로 생겨나고 그 의미를 소비하고 소통하는 현대 인류 사회에서 전통적인 문자의 개념에만 갇혀 있을 수는 없다. 복잡한 맥락과 상황에서 넘쳐나는 방대한 기호들의 세상에서 사람들은 때로는 개방적으로 광범위하게, 때로는 폐쇄적으로 좁게 다양한 문자를 통해 의미를 공유하고 있다. 그런 맥락에서 우리가 알고 있는 문자의 정의가 흔들리고 있다는 점은 분명해 보인다.

3. 문자는 어떻게 발달했는가?

음성 언어의 역사와는 비교가 되지 않지만, 현재까지 인류 문명사에서 가장 최고의 문자 언어, 문자라고 일컬어지는 메소포타미아의 수메르 문자의 첫 흔적은 기원전 6000년까지 소급되는 것으로 알려져 있다. 음성 언어에 비해 턱없이 짧은 역사를 지니고 있는 것이 사실이긴 하지만, 그러한 문자는 점차 시간이 흘러감에 따라 발전을 거듭해 왔고, 여러 민족은 자신의 언어를 표기하기 위한 수단으로 다양한 문자를 만들었다.

선사 시대를 지나 역사 시대를 맞이하면서 민족이나 국가가 하나의 공동체를 형성하고 발전해 가게 되었을 때, 긴요한 것은 제 민족 혹은 나라의 말과 문자였다. 우리도 예외는 아니어서 한국어는 알타이어에서 가장 먼저 분기되어 형성된 원시 한국어의 뿌리를 이어받아 고대 국어, 중세 국어, 근대 국어를 거쳐 현재에 이르고 있다. 그러나 우리는 고유의 문자를 갖지 못했기 때문에 불가피하게 인접 국가인 중국에서 한자를 수용할 수밖에 없었다. 15세기에 우리 고유의 문자가 만들어지지 않았다면, 아마도 계속 한자의 지배를 받았을 것이고, 근대 이후에는 서양의 문자인 라틴 문자에서 자유로울 수 없었을지도 모른다.

표의문자와 표음문자

우선 인류의 문자는 그 분류 기준에 따라 크게 표의문자(表意文字, ideogram, logogram)와 표음문자(表音文字, phonogram)로 나누어 생각해 볼 수 있다. 표의문자는 하나의 문자가 일정한 뜻을 나타내는 문자를 가리킨다. 그 반면에 표음문자는 하나의 문자가 어떤 음의 단위를 나타내는 문자이다. 표의문자는 음성과 의미 중에서 일차적으로 의미에 더 치중한 문자인 반면에 표음문자는 음성에 대응하는 문자라고 할 수 있다. 표의문자 중 대표적인 것은 '한자'이며, 우리 훈민정음, 한글은 가장 발달된 표음문자 중의 하나이다.

표의문자라고 해서 음성과 관련이 없는 것은 아니다. 일반적으로 한자는 뜻글자라고 부를 수 있다. 어떤 특정한 한자의 경우, 그 표의성은 대체로 동일하면서 그에 따른 음성도 분명히 존재한다. 다만 그 한자를 공유하는 나라나 민족에 따라 음성적 실현이 다를 뿐이다. 예컨대, 한자 '人'의 경우 그 의미는 한·중·일이 같으나, 그 발음 차이가 나는 것과 같다. 따라서 눈으로 보고 그 뜻만을 이해하고자 한다면 표의문자인 한자는 그 국제적 소통이 가능하다. 한자는 그러한 특성 덕분에 역사적으로 동아시아의 보편 문자의 기능을 담당했다.

또한 표음문자라고 해서 그 의미가 없는 것은 결코 아니다. 일반적으로 표음문자의 성격에 따라 다르지만, 표음문자는 그 문자를 구성하는 자소(grapheme) 단독으로, 혹은 자소의 결합에 따라서 음성적 실현이 되는 것은 물론이고 특정한 뜻을 나타내기도 한다. 표음문자는 소리글자에 해당한다. 예컨대 훈민정음의 자음자 'ㄱ'과 모음자 'ㅏ'의 결합은 '갸'라는 음절을 구성하게 되고 그 음성적 실현과 함께 '갸'는 어떤 의미를 띠게 된다. 따라서 표음문자 자체도 의미와 무관한 것은 아니다.

문명의 진화, 문자의 발달

문명의 발전과 함께 인류의 문자도 만들어지고 변형되면서 발달하게 되었다. 문자발달사의 관점에서 보면 표의문자가 먼저 만들어지고 표음문자가 후대에 형성된 것으로 보인다. 우리가 알고 있는 그림 문자를 표의문자의 범위에 넣었을 때 그 설명이 가능하다. 서양이든 동양이든 문자의 발달에서 그림문자(pictogram)가 문자의 시초이기 때문이다. 회화성이 강하기 때문에 문자라고 볼 수 있느냐는 논란도 있으나, 앞에서 언급한 문자의 기원적 형태보다는 더 발달된 문자의 초기적 형태로 보고 있다. 어떤 단위 하나가 1:1로 대응하지 못한다는 점에서는 문자라고 보기 어렵지만, 어떤 의미를 간직하고 있다는 점에는 문자의 속성을 지니고 있다.

〈라스코 동굴벽화〉

〈반구대 암각화〉

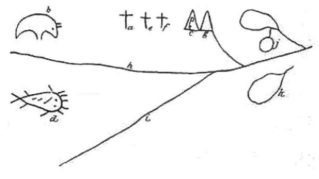

〈인디언 그림문자〉

언어 단위에 따라서 문자의 유형은 아래와 같이 분류할 수 있다. 문장 단위에 대응되는 문자는 구조적으로 존재하기 어렵기 때문에 문자의 기능을 담당할 수 있는 최대 언어 단위는 단어이다. 대체로 단어, 음절, 음소에 대응하여 인류의 문자는 나뉘어진다. 크게 단어문자, 음절문자, 음소문자라고 부른다. 그리고 음절 문자와 음소 문자의 중간 쯤에 해당하는 문자로서 '아부기다(abugida)'가 있으며, 음소문자 중에서 그 구조와 특성에 따라서 하나의 문자 기호가 자음에 대응되는 자음문자, 하나의 문자 기호가 음성적 특성을 반영하는 음운자질문자가 있다. 특히 음운자질문자로 평가받고 있는 훈민정음은 음소문자 중에서 가장 발달한 문자로 알려져 있다.

단어문자

단어문자(word writing)는 하나의 문자가 하나의 단어에 대응하는 문자이다. 문자 하나에 어떤 특정한 의미를 간직하고 있는 문자이다. 일반적으로 문자 발달 과정에서 가장 먼저 생겨난 것으로 표의문자의 하나이다. 동서양에서 모두 발달하였는데 수메르 문자, 이집트 문자,

	수메르	이집트	히타이트	갑골문		수메르	이집트	히타이트	갑골문
사람					해				
왕					물				
신					나무				
소					집				
양					길				
하늘					도시				
별					땅				

〈단어문자〉

한자 등이 이에 해당한다.

단어문자는 의미 중심의 문자이기 때문에 기본적으로 시각적 특징이 뚜렷하다. 그 발음을 알지 못하더라도 그 단어문자의 이미지를 보고 그 뜻을 파악할 수 있다. 지금도 한자의 모양과 그 뜻을 알고 있는 한·중·일 3국의 언중들은 필담(筆談)을 통해서 의사소통이 어느 정도 가능하다.

중국의 경우 지역에 따라 같은 뜻의 한자에 대한 발음이 아주 많이 달라서 과거에는 음성 언어로는 거의 소통이 불가능했다. 중국 남쪽과 북쪽의 방언적 차이는 개별 언어의 차이보다 심하다 보니 그들에게 필담은 필수적이었을 것이다. 지금은 중국 표준어인 보통화로 교육이 이루어지기 때문에 그 소통 장애가 어느 정도 해소되기는 했다. 그러나 중국 TV를 보다 보면 화면 아래에 문자로 자막을 제공하여 음성 언어의 의미를 파악하는 데 도움을 주고 있다.

특정한 뜻을 지니고 있는 단어가 문자로 기능하다 보니 자연스럽게 단어문자는 그 수가 아주 많다. 새로운 개념이 생겨나면 그에 따라서 새로운 단어문자가 만들어지기 때문에 그 단어문자를 언중들이 모두 기억하는 것은 사실상 불가능하다. 중국 한자의 경우 그 수가 5만 자가 넘은 것으로 알려져 있다. 그렇다 보니 이 문자를 아는 사람과 그렇지 못한 사람들 사이의 정보 격차가 발생한다. 그와 함께 엄청난 문맹을 양산하기도 했다. 문자를 아는 것만으로 권력을 가질 수 있었다.

한국	중국	일본
藥	药	薬
龍	龙	竜
圓	圆	円

〈3국의 한자〉

같은 단어문자일지라도 지역에 따라서 변형이 많이 이루어지기도 했다. 원래 글자의 복잡함 때문에 한자는 속자(俗字), 약자(略字)의 형태로 바뀌어 한국, 일본 등에서 사용되었다. 중국에서도 20세기 이후 자신들의 한자를 간략하게 바꾸어 간체자를 만들었고, 지금도 보편적으로 사용하고 있다. 타이완은 한자 번체자를 유지하고 있으며, 일본은 그들에게 필요한 만큼 한자의 수를 줄이는 동시에 자체적으로 한자를 간략화했다.

음절문자

음절문자(syllabic writing)는 하나의 문자가 하나의 음절에 대응되는 문자 체계이다. 음절은 필수적인 모음을 바탕으로 이루어진 말소리의 단위이다. 몇 개의 음소로 이루어질 경우 자음과 모음이 결합된 형태로 실현된다. 대표적인 음절 문자는 일본의 가나(假名)이다. 예를 들어 일본 문자 'か, き, く, け, こ'는 각각 [ka], [ki], [ku[, [ke], [ko]

〈고대 페르시아 문자〉

〈일본 가나문자〉

음을 나타내고 있는데, 첫소리가 모두 같은 [k]임에도 불구하고 문자 모양으로는 서로 공통점을 지니고 있지 않다. 또한 음절 안에서 자음과 모음을 구별할 수 없다. 고대 페르시아 문자인 쐐기문자, 설형 문자(楔形文字) 또한 음절문자로 알려져 있다.

일본어는 음절말 받침의 발음이 거의 없는 개음절 언어로 어두자음과 모음이 하나의 음절을 이룬다. 모음의 수도 많지 않아서 50개 정도의 음절문자만을 가지고 있다. 따라서 단어문자에 비해 문자의 수는 비교할 수 없을 정도로 줄어들었다. 다만 가나(假名)는 그 쓰임에 따라 히라가나와 가타가나로 나누어져서 그 음절문자의 수는 두 배가 되었다. 현대 일본어에서 히라가나는 일본 고유어 표기 문자이고, 가타가나는 외국에서 들어온 말을 표기하거나 특수한 용법으로 사용되는 문자 체계로 정착되었다.

아부기다(abugida)

음절문자의 변형으로 알려진 아부기다(abugida)는 자음과 모음을 포함하는 기호가 음절을 이루는 문자이다. 이것만 보면 음절문자와 큰 차이가 없으나, 내재하고 있는 모음 말고 다른 모음을 실현하기 위해서 다른 문자를 추가로 표기하는 특이한 문자 체계이다. 따라서 다른 모음을 표기하기 위한 별도의 부가 모음 기호가 필요하다. 결국 이 문자 체계는 '자음+모음'이라는 기본 구조로 보면 음절 문자의 성격이다. 그러나 '자음+모음+부가 모음'의 표기로 구성되면서 부가 모음이 붙은 경우 '자음+모음'은 음절적 성격이 아니라 다시 음소의 역할만으로 한정된다.

이 아부기다는 힌디어, 네팔어 등을 표기하는 데바나가리 문자가 대표적이고, 티베트 문자와 아프리카 에티오피아 문자 역시 아부기다

〈데바나가리 문자〉

에 해당한다. 역사적으로는 원나라의 파스타 문자가 이 체계에 해당하는 문자로 보기도 한다.

음소문자

음소문자(alphabet)는 하나의 문자가 하나의 소리에 대응되는 문자이다. 이 소리는 자음과 모음 따위의 낱소리이자 음소이다. 그렇기 때문에 음절문자와 같이 자음과 모음의 소리가 얽혀 있지 않고, 개별적이고 독립적인 자음과 모음에 해당하는 문자가 존재한다. 따라서 단어문자나 음절문자보다 그 문자의 수가 비교할 수 없을 정도로 적다. 한글의 경우 24개 혹은 40자의 자모만으로 음성 언어의 소리를 모두 적을 수 있다. 표기에서 의미에 초점을 두기보다는 음성과의 1:1

그림	글자	이름	뜻	로마자 전사	해당하는 글자				
					히브리	아랍	그리스	로마	키릴
𐤀	𐤀	알레프	소	'	א	ا	Αα	Aa	Aa
𐤁	𐤁	베트	집	b	ב	ب	Ββ	Bb	Бб, Вв
𐤂	𐤂	기멜	낙타	g	ג	ج	Γγ	Cc, Gg	Гг,Ґґ
𐤃	𐤃	달레트	문	d	ד	د	Δδ	Dd	Дд
𐤄	𐤄	헤	창문	h	ה	ه	Εε	Ee	Ee, Єє, Ээ
Y	Y	바브	갈고리	w	ו	و	Ϝϝ, Υυ	Ff, Uu, Vv, Ww, Yy	Уу, Ѵѵ, Ўў, Ww, Yy

대응이기 때문에 대표적인 표음문자에 해당한다. 가장 발달된 형태의 문자로 가장 작은 언어 단위를 대표하는 문자이다.

역사적으로 보면 페니키아 문자에서 그리스 문자, 그리스 문자에서 라틴문자로 이어지는 발달 과정이 있다. 자음문자였던 페니키아 문자에 모음이 필요했던 그리스인에 의해서 모음 문자가 만들어지고 그것을 바탕으로 그리스 문자가 탄생하게 되었다. 그런 맥락에서 보면 그리스 문자가 음소문자의 시초가 되었다고 볼 수 있다. 이 그리스 문자는 다시 로마로 수출되고 변형되어 라틴문자(Latin alphabet)가 되었다. 자연스럽게 이 라틴문자는 로마를 통해서 전세계에 국제적으로 확산되었기 때문에 우리나라에서는 로마자(Roman alphabet)라고 부른다.

영문 표기 'alphabet'은 우리가 흔히 자주 사용하는 '알파벳'인데 그 경우에 일차적으로 음소문자를 가리키기도 하고 표의문자에 대응하여 표음문자의 의미도 포함하고 있다. 또한 유럽 등의 서양에서 사용되는 문자를 한데 이르는 말로 사용되기도 하였다. 이 알파벳은 결국 서양 음소문자를 가리키는 일반 명사이다. 이 경우는 '라틴 문자'가 일반화된 것이다.

영문자 역시 영어에 사용된 라틴문자, 로마자이다. 따라서 영문자를 알파벳이라고 할 순 있어도 알파벳을 영문자라고 부를 수는 없다. 우리 한글도 음소문자의 성격을 띠고 있기 때문에 일종의 알파벳이다. 그래서 한글을 'Hangeul'이라고 할 수도 있지만, 'Korea alphabet'이라고 부르기도 한다. 이 알파벳은 일반적으로 우리 학계에서는 로마자, 북한의 학계에서는 라틴문자라는 용어로 사용된다.

인간의 음성 언어를 자유롭게 다양하게 표기할 수 있는 문자로서 음소문자의 장점은 단어문자나 음절문자의 한계를 뛰어넘는다. 그만큼 표기의 한계가 없다고 할 수 있다. 바로 음소문자가 가지는 표음성 때문이다. 인류가 더 많은 정보를 다양하게 축적하고 저장할 수 있는 길이 열린 것은 이 음소문자의 표음성 덕분이다.

서양이든 동양이든 표의문자의 기록으로 전해주는 수많은 정보 역시 역사적 가치과 그 의의가 뛰어난 것은 분명하다. 그러나 음소문자의 등장은 인쇄술의 발전과 함께 무엇을 기록하고 축적하는 문명 행위를 특정한 계급의 특권에서 해방시켰다. 다시 말하면 음소문자는 누구나 쉽게 적을 수 있게 만들어진 쉬운 문자 체계였다. 문자를 모든 인간이 보편적으로 사용할 수 있게 된 것은 음소문자의 탄생에서 비롯되었다고 볼 수 있다.

자음문자

음소문자 중에서 자음 중심의 문자가 있다. 이 문자는 하나의 문자가 하나의 자음에 대응하는 표음문자 성격인데 말 그대로 자음문자(consonantal writing)라고 부른다. 그러나 필요에 따라 자음자에 모음을 표시하기 위해서 점이나 선 따위의 보조 기호를 붙여서 표시한다. 모음 표시를 위해서 기호를 사용하기 때문에 자음으로만 되어 있는 문자라고 보기는 어렵고, 자음 중심 문자라고 보는 게 더 타당할 것이다.

〈아랍 문자와 히브리 문자〉

역사적으로는 모음이 없었던 페니키아 문자가 자음문자의 위치를 차지했고, 현대에 자음문자는 아랍 문자가 대표적이다. 그밖에도 히브리 문자, 시리아 문자 역시 자음문자에 해당한다. 자음문자는 음소문자의 탄생을 견인한 문자라는 점에서 그 역사적 의의가 있다. 로마자에서 두문자어(acronym)를 자주 사용하는 것은 자음문자의 흔적을 보여주는 좋은 예이다. 예컨대, acquired immune deficiency syndrome(후천성 면역 결핍증)에서 여러 단어의 어두자음자만을 따서 'AIDS'와 같이 표기하는 것도 자음문자의 변형이라고 볼 수 있다. 'control'을 'ctrl'과 같이 한 단어의 자음만으로 표기하는 것도 이에 해당한다. 한글에서 최근에 유행하는 '크크'의 'ㅋㅋ', '감사'의 'ㄱㅅ' 등의 초성체표기도 자음문자를 흉내 낸 현상으로 볼 수 있다.

음운자질문자

음소문자 중에서 하나의 문자 기호가 특정한 '음성 자질'에 대응되는 문자를 음운자질문자(featural writing)라고 부른다. 일반적인 언어 단위인 음소의 음성적 특징에 주목하고 그 음성적 특징에 대응하는 문자로서 음운자질문자를 음소문자 중에서 가장 발달된 형태로 보고 있다. 우리의 훈민정음, 한글이 대표적인 음운자질 문자이다. 언어학자 샘슨

(Sampson, 1985)에서 처음으로 제안된 문자 유형으로 알려져 있다.

우리 한글의 경우 'ㄱ, ㄲ, ㅋ'과 같은 계열의 문자가 음운자질문자의 특징을 잘 반영하고 있다고 볼 수 있다. 예를 들어 기본자 'ㄱ'에 획을 하나 더하면 'ㅋ'이 되고 이 문자는 'ㄱ'과는 다른 [+유기성, aspirated] 자질을 포함하게 된다. 기본자 'ㄱ'에 같은 문자를 중복해서 더하면 'ㄲ'가 되고 이 문자는 'ㄱ'과는 다른 [+경음성, glottal] 자질을 갖게 되는 것과 같다. 그와 함께 각각의 글자는 기본자 'ㄱ'이 공통적으로 반영되어 같은 계열의 문자임을 시각적으로 보여준다.

모음도 마찬가지여서 'ㆍ, ㅡ, ㅣ'의 기본자가 서로 결합하여 'ㅗ'와 'ㅜ'가 만들어지게 된다. 이 경우에도 'ㅗ'와 'ㅜ'는 각각 양성모음과 음성모음의 자질을 내포하게 됨으로써 그 음성 자질이 문자에 반영된 것이다. 이것도 모음자가 음운자질문자의 특성을 보여주는 좋은 예에 해당한다. 나머지 모음자들도 그 특성을 시각적으로 반영하고 있다.

음운자질문자는 자연스럽게 문자의 과학성과 필연적으로 관련을 맺게 되었다. 문자의 그러한 특성 덕분에 디지털 문명의 발달과 함께 한글은 컴퓨터나 휴대폰 자판 등에서 그 과학적 특성이 잘 반영되기도 했다. 그런 맥락에서 한글은 같은 표음문자, 음소문자 중에서 디지털 시대에 가장 어울리는 뛰어난 음운자질문자라는 평가도 받고 있다.

4. 문자를 어떻게 적을 것인가?

문자의 발생과 발달은 필연적으로 음성 언어를 적는 방법과 연결될 수밖에 없다. 한 언어를 시각적인 기호인 문자로 적어야 하는데 그러기 위해서는 규칙이 필요했다. 이 규칙은 오랜 세월에 걸쳐 발달하기도 했지만, 어느 순간에 인위적으로 확립되기도 했다. 우리말의 차자 표기는 전자에 해당하며, 훈민정음의 표기법은 대체로 후자에 해당한다. 문자가 오랜 생명력을 얻고 유지되기 위해선 문자의 체계와 함께 그 운용 규칙이 필요했다. 문자를 사용하는 인간이 만들어 낸 서사 규범, 정서법((正書法, orthography)이 그것이다.

정서법은 한 언어를 적기 위해 문자를 일정한 기준에 따라 운용하는 규칙을 말한다. 일반적으로 표기법이라고 하며, 철자법(spelling)이라고도 부른다. 음절, 단어, 문장 등을 쓰고자 할 때, 문자의 결합과 배열, 그리고 각 언어 단위별 표기, 띄어쓰기의 문제, 대문자와 소문자 쓰기, 문장 부호나 구두점(句讀點)을 사용하는 약속 등이 모두 정서법에 해당한다. 어문 규범과 관련하여 한국어에서는 '한글 맞춤법'이 정서법이고, 북한의 조선어에서는 '조선말 규범집'이 정서법에 해당한다.

정서법에서 가장 핵심이 되는 것은 단어 단위의 표기 문제이다. 우리 언어 생활에서 무엇을 적을 때, 그 근간이 되는 것이 단어이기 때문이다. 같은 영어를 사용하는 미국과 영국에서도 서로 다른 표기법을 선호하기도 한다. 예컨대 미국에서는 'center'라고 쓰지만, 영국에서는 'centre'를 선호하거나, 그렇게 써야 한다. 같은 코리언(Korean)을 사용하는 남한과 북한도 차이가 있다. 우리는 '노인, 역사'라고 쓰고 읽지만, 북한에서는 '로인, 력사'로 표기하고 읽는다. 단어 차원의 정서법 문제는 언어 정책의 다양한 관점에서 항상 논쟁적이다.

정서법과 표기의 원칙

이 정서법과 관련해서 두 가지 원칙이 존재한다. 그 하나는 표음주의(表音主義)이다. 표음주의는 문자 하나가 일정하게 한 음소를 대표하여 한 글자와 한 음소 간에 1 : 1의 대응관계가 잘 지켜지는 정서법의 원칙이다. 소리를 충실하게 반영하는 정서법이라고 할 수 있다. 대체로 소리 나는 대로, 들리는 대로 적는 표기법이라는 점에서 언중들에게 상대적으로 쉬운 정서법이라고 할 수 있다. 음소주의 표기법, 음운론적 정서법(phonological orthograpy)이라도고 한다.

표의주의(表意主義)는 형태소를 중심으로 형태소는 어떤 조건에 의

하여 발음이 달라지더라도 시각적으로 같은 모양으로 표기하는 정서법의 원칙이다. 귀나 입보다는 눈을 위한 것이다. 표기법이 소리를 반영하는 데 불충분하더라도 어법에 맞게 표기하는 것으로 눈에서 빨리 그 의미가 파악될 수 있도록 가독성을 높일 수 있으며, 어형의 원형을 잘 보여주는 정서법이라고 할 수 있다. 한 언어의 내적 규칙을 반영한 표기법으로 언중들에게는 상대적으로 어려운 표기법이다. 형태음소적 표기법, 형태론적 정서법(morphological orthography)이라고도 한다.

이 표기법의 두 원칙은 기본적으로 서로 충돌하면서 상호보완적이다. 따라서 어느 한 표기법만을 고수할 수는 없다. 한글 맞춤법에서도 두 원칙을 함께 활용하여 표기법을 제안하고 있다. 북한의 표기법도 표기의 기본 원칙에서 표현이 다소 다를 뿐 우리와 큰 차이가 없다. 그러나 언어 교육의 차원에서 어떤 표기법이 더 좋은 표기법인지, 한 언어의 내적 구조를 어느 표기법이 더 잘 담아내고 있는지 이 문제 역시도 전문가들 사이에 의견이 여전히 분분하다.

정서법의 사회성

언어 사용자가 직접 글을 쓰는 과정에서 특정한 단어의 표기를 잘못 적는 것이 무조건 비난을 받을 일은 아니다. 이제 표기 규범을 처음 배우기 시작한 어린아이들이 종종 표기법을 잘못 써서 웃음을 제공하기도 한다. 또한 외국인이 다른 언어를 배울 때도 표기법에 어긋나는 실수를 적지 않게 범하곤 한다. 이미 철자 교육을 마친 성인들의 맞춤법 오류도 빈번하게 관찰된다. 성인들은 자신이 쓴 표현이 맞춤법에 맞는지 항상 신경을 곤두세우기도 한다.

언어 교육을 통해서 초등학생들의 표기 오류는 언제든지 고쳐나갈

당신들의 희생을 결코
잊지 않겠습니다.
번영된 조국, 평화통일을
이루는데 모든빛을 밝히겠습니다.

수 있다. 외국인들도 한국어를 배우는 과정에서 수많은 시행착오를 통해 바른 표기법을 자연스럽게 습득하기도 한다. 우리말을 잘 구사하는 성인들도 다양한 의사소통 과정에서 자신의 맞춤법 오류를 끊임없이 수정해 나간다. 결국 정서법은 교육과 사회적 공감대와 직결된 문제로 귀착된다.

사적인 편지, 휴대폰을 이용한 문자 전달 과정에서 의도적으로 그 법을 어기는 일은 어쩌면 언어유희이거나 재미이다. 그러나 학교 현장이나 사회와 같은 공적인 공간에서 자주 정서법에 어긋나는 표기를 남발하는 사람을 보게 되면 우리는 그에 대한 신뢰감을 접기도 한다. 심지어 사소한 맞춤법 실수는 성공의 걸림돌이 된다고 하는 외국의 사례는 곱씹어 볼 일이다. 정서법과 맞춤법도 일종의 법이기 때문이다.

법을 준수하는 것은 쉬운 일이 아니다. 맞춤법을 지키는 것도 귀찮고 신경을 써야 하는 번거로운 일이다. 그러나 지켜야 할 맞춤법을 심각하게 어길 때 그 언어 전체가 흔들린다. 법을 지키지 않으면 그 국가의 기강이 위태로워지는 것과 마찬가지다. 성문화된 법은 어문규범의 맞춤법이든 일반 법률이든 지키라고 있는 것이다. 언어의 규범을 따르고 지키는 태도 또한 모든 국민이 간직해야 하는 중요한 언어적 신념이다.

요컨대, 정서법은 인간이 만들어낸 문자와 밀접한 관계를 맺는다.

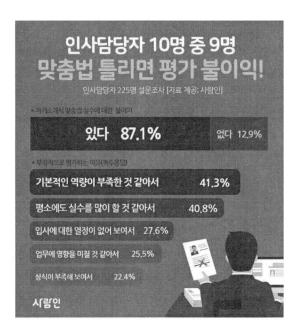

문자가 없었다면 그것을 운용하는 정서법은 필요가 없었을 것이다. 세상의 모든 문자에는 그에 맞는 표기법이 있다. 문제는 그것을 성문화했느냐 아니면 그 사회의 관습적 약속에 의존하느냐의 차이일 뿐이다. 그러나 정서법은 언어를 시각화한 문자에 대한 규칙이라는 점에서 인간의 음성 언어에 잘 부합할 수 있도록 만들어져야 한다. 그러면서도 음성 언어와는 구별되는 독자성을 가진 규범이기 때문에 우리가 지켜야 할 규칙임에는 틀림 없다.

5. 불완전한 차자표기, 그 발달과 한계

한국어는 그 역사적 기원이 오래되었지만, 그에 대응하는 적합한 문자는 없었다. 중세시대 이후 고대 문자에 대한 설은 난무했지만,

공식적으로 확인할 수 있는 우리의 고대 문자는 그 실체적 근거가 희박하다. 고대 문자가 있었다면 우리의 문자 생활은 한자에 종속되지 않았을 것이다. 그러나 문자가 없었던 우리는 불가피하게 한자를 수용할 수밖에 없었다.

우리에게 한자가 처음으로 전해진 시기에 대한 명확한 기록은 없다. 대체로 기원전 3세기 경으로 추정할 뿐이다. 고구려, 백제, 신라 삼국에서 한자를 수용한 시기도 달랐다. 고구려는 초기부터 한문을 사용했고, 백제도 비슷한 시기로 추정되며, 신라는 한자 수용이 가장 늦어서 5세기에 국호와 왕명 등을 한자식으로 바꾸었다. 따라서 삼국의 한자 수용의 시기는 빨라야 기원 후가 될 수밖에 없다. 수입된 한자는 그대로 사용되기도 하고 변형하여 차용 과정을 거쳤다.

한자 차용은 1단계는 한문을 그대로 사용하는 것이었다. 외국어인 한문의 차용이었고, 이 전통은 고대시대에서 근대 초기까지 식자층이 향유한 문자 생활이었다. 2단계는 한자음으로 인명, 지명, 관직명 등을 고유명사를 표기하는 것이었다. 한자의 음을 취하는 형식이었다. 한자에 의한 우리말 표기의 첫 번째 시도라고 할 수 있다. '新羅, 夫餘', '鄒牟王, 居柒夫', '上大等, 及干' 따위의 표기에 해당한다. 한자의 원래 뜻과는 관계가 없이 음만 빌려서 적는 차자표기의 기본 방식이었다.

3단계는 한문을 우리말 어순에 따라 적은 것으로 한자의 뜻을 빌리는 차훈(借訓)의 단계였다. 이것은 우리가 흔히 이두(吏讀)라고 부르는 것이다. 552년 혹은 612년의 임신서기석(壬申誓記石)이 대표적이다. 이것은 이두의 초기 형태로 문장 차원으로 차자표기가 확대된 경우이다. 신라에 충성을 맹세하는 두 사람의 다짐이 새겨져 있는 것으로 초기 이두문이라고도 부른다.

이렇게 한자 차용이 본격적으로 이루어지면서 한자의 음과 뜻을 빌려 우리말을 적는 표기법이 탄생하였다. 고유명사 표기와 초기 이두

壬申年	六月	十六日	二人	幷	誓	記
임 신 년	육 월	십 육 일	이 인	병	서	기

임신년	6월	16일에	두 사람이	함께	서약해	기록한다.

天	前	誓
천	전	서

하늘	앞에	맹세한다.

〈임신서기석〉

문이 합쳐져서 발달한 형태로 이두 표기가 완성된 것으로 볼 수 있다. 남산신성비문(南山新城碑文, 591년)이 대표적이다. 이 이두문 등이 발달하여 향찰(鄕札)과 구결(口訣)이 만들어져 더욱 표기 체계가 정교해졌다.

4단계는 한자의 음과 뜻으로 완전하게 우리말을 표기한 표기법의 탄생이었다. 이것은 이두보다도 더 우리말의 실사(實辭)를 온전히 표기한 향찰이다. 그 표기가 신라의 문학 작품 향가 25수에 그대로 전하고 있다. 다만, 그 기록이 『삼국유사(三國遺事)』(1285)에 전하고 있어, 향찰이 발달한 당시의 표기를 반영하고 있는지에 대한 논란도 있다. 그러나 이 표기는 우리말의 문법 요소까지도 적은 표기일뿐더러 그 나름의

善花公主主隱	他	密只	嫁良	置古
선 화 공 주 주 은	타	밀 지	가 량	치 고

선화공주님은	남	몰래	짝지어	두고

薯童房乙	夜矣	卯乙	抱遣	去如
서 동 방 을	야 의	묘 을	포 견	거 여

서동방을	밤에	몰래	안고	간다.

〈서동요〉

信行ㄴ 具足ㅆㄴㅅ

신 행 ㅇ·ㄹ 구 족 ㅎ · 시 며

신행을   구족하시며

復ㅆㅣ 五道ㄴ 一切衆生ㅣㅣ 有ㄴㅓ슈

또 ㅎ · ㄴ   오도ㅅ   일체중생이   잇겨며

또한   오도의   일체중생이   있으며

〈구결〉

표기 규칙도 있어서 차자 표기의 완성된 형태라고 부르고 있다.

한자 수용과 차자표기의 마지막 단계는 한문 구절에 한자의 음으로 토를 붙인 것으로 한문에 종속된 차자표기인 구결(口訣)이다. 한문을 읽을 때 수월하게 읽을 수 있도록 하거나 한문을 우리말로 쉽게 풀어 읽을 수 있도록 한자를 이용하여 조사나 어미를 한문 문장에 달아 놓은 형태였다. 이렇게 한자 획의 일부를 이용하거나 간략화하여 구결 표기가 만들어졌다. 이에 따른 한문 독법와 전통은 우리나라의 특이한 문체를 양산하는 결과를 낳았다. 그러나 이 역시도 한문 중심일 수밖에 없었다.

차자표기의 한계와 신문자 탄생의 자양분

한자의 음과 훈을 빌려 우리말을 기록하던 표기법을 우리는 차자표기법, 한자 차용 표기법이라고 부른다. 그러나 이 표기법들은 우리말을 표기할 수 있는 우리 문자가 없었기 때문에 궁여지책으로 만들어낸 불완전한 표기 체계였다. 또한 고대시대 한문 중심의 문자 생활은 불가피하게 언문의 불일치로 귀결될 수밖에 없는 현실이었다.

이러한 한자의 수용과 변형은 이중적 언어생활의 불일치라는 불편

함을 겪게 된 계기가 된 동시에 다른 한편으로는 차자 표기라는 새로운 문자 표기 체계를 고안해 내는 결과였다. 이 차자표기는 불완전한 국어화 과정이었다. 조선 시대에 이르기까지 우리의 언어생활을 지배해 온 문자 체계로 한자 권위관에서 자유롭지 못했던 역사를 대변해 주는 것이었다. 그러나 그것은 신문자를 견인하게 하는 동인으로 작용하였고 우리의 문자 생활을 지탱해 주는 문화적 산물이기도 했다. 이렇게 한자, 한문과 차자표기의 불편한 동거는 19세기까지 지속되었다.

그러한 역사적·문화적 환경 속에서 우리는 차자표기의 한계를 뛰어넘는 훈민정음을 15세기에 우리의 역량으로 만들어냈다. 훈민정음은 '한자'라는 문화적 테제(These)에 저항하는 안티테제(Antithese)로 그 위치를 차지하게 된 셈이다. 그리고 '훈민정음'이라는 신문자가 만들어진 후 450년이 흐른 지난 19세기 말에 그 문화적 대립물의 갈등은 훈민정음이 국문의 지위로 격상되면서 해소되었다.

1. 훈민정음, 이렇게 태어났다

훈민정음은 15세기에 세상에 빛을 본 우리 고유의 문자이다. 한자, 한문과 차자표기를 통한 불완전한 언어생활을 영위해 왔던 당시 조선에서 훈민정음의 탄생은 한자 중심의 언어 권위관에서 벗어나는 큰 사건이자 문화적 혁명이었다. 신문자 훈민정음이 만들어지기 이전에 문자 생활의 한계는 명백했다. 우리의 생각과 감정을 온전히 표현할 수 없었기 때문이다. 그러나 신문자의 탄생은 중세 한국어의 역사와 언중들의 언어생활에 필연적으로 도래한 새로운 문화적 대전환이었다.

훈민정음은 1443년(계해년) 음력 12월에 세종이 창제하였다. 창제 주체를 놓고 학계나 민간에서 한동안 의견이 분분했던 때가 있었다. 즉 세종이 직접 창제를 한 것이 아니라 집현전의 여러 학자들이 만든 훈민정음의 공을 세종에게 돌렸기 때문에 실질적인 창제는 세종이 아니라는 세종 친제설에 대한 부정이었다. 그러나 실록 기사에서 보는 바와 같이 세종이 신문자 창제의 주체라는 점은 분명하고 변할 수 없는 역사적 사실이다.

〈세종실록 기사〉

　세종 주변에 있었던 집현전 학자들과 기타 인물들은 훈민정음 창제의 조력자라 할 수 있다. 세종과 마찬가지로 이들도 언어·문자에 대한 해박한 지식을 가지고 있었던 점은 사실이나, 그렇다고 해서 '세종 친제'가 부정될 수는 없다. 세종은 이미 훈민정음 창제 과정에서 중국 성운학 및 역 철학에 대한 지식을 갖추고 있었기 때문이다. 또한 훈민정음 어제서문에서 드러나는 바와 같이 세종은 한 시대의 위정자로서 당시 언중인 백성에 대한 사랑과 연민, 우리 문자가 없는 것에 대한 안타까움을 드러낸 바 있다.

　그의 언어학적 탁견과 문자 창제에 대한 강한 의지는 훈민정음 반대했던 보수적 한문주의자의 상소를 물리치는 과정에서도 잘 드러나 있다. 중국에 대한 지성사대(至誠事大)에 매몰되어 있던 최만리 같은 학자는 신문자 창제를 반대하고 불완전한 차자 표기인 이두 등을 사용할 것을 주장하였다. 그러나 당시 조선어에 맞는 새로운 문자 체계를 만들어야 한다는 세종은 한문주의자들에 비해 논리적이며 개혁적이었다. 그 거대한 역사적 흐름은 궁색한 보수적인 주장을 압도하는 것이었다.

신문자 훈민정음이 창제되고 3년이 지난 후, 1446년에는 이 신문자의 해설서인 『훈민정음』이 공식적으로 간행되었다. 『훈민정음』의 정인지 후서를 보면 '正統十一年九月上澣'이라 되어 있어 그 간행 연도가 1446년임을 알 수가 있다. 이 책은 훈민정음을 만든 세종의 어제서문과 예의(例義), 그리고 신문자의 제자원리와 각 글자에 대한 해설 및 용례, 집현전 대표 학자의 후서를 담은 텍스트로 세종과 집현전의 학자들의 공동 연구에 의해 탄생한 문헌이다. 예의편은 세종이 직접 지었으며, 해례편은 집현전의 학자인 정인지, 최항, 박팽년, 신숙주, 성삼문, 이개, 이선로, 강희안 등이 함께 일구어낸 언어학적 성과이다. 이 책은 현재까지도 우리 역사에서 가장 중요한 고전으로 평가받고 있다.

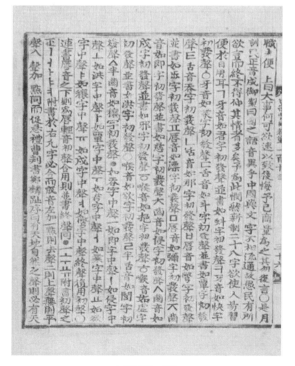

〈세종실록 기사〉

2. 문자 훈민정음과 『훈민정음』에 대하여

'훈민정음(訓民正音)'이라는 두 이름

신문자 훈민정음은 '백성을 가르치는 바른 소리'란 뜻으로 창제 당시인 15세기에는 자음(초성) 17자, 모음(중성) 11자로 구성되어 28자였다. 오늘날에는 '한글'이라는 명칭으로 그 이름이 바뀌어 사용되고 있다. 따라서 '훈민정음'은 창제 당시에 '신문자'를 가리키는 대상이었다.

책으로서 『훈민정음(訓民正音)』은 위에서 언급한 바와 같이 신문자 훈민정음 창제 직후에 간행된 『훈민정음(해례본)』(1446)과 얼마 지나서 월인석보 첫머리에 합본되어 간행된 『훈민정음(언해본)』(1459) 두 문헌이 있다. 앞엣것은 원본 『훈민정음』이라고 부르기도 하고 뒤엣것은 언해본이라는 표현 대신에 『훈민정음』 국역본이라고도 칭하기도 한다. 그런데 이 두 문헌은 책의 내용과 형식 등에서 다소 차이가 있다.

첫째, 『훈민정음(해례본)』은 한문본이다. 신문자 '훈민정음'에 대한

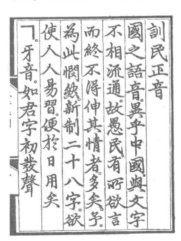

『훈민정음(해례본)』

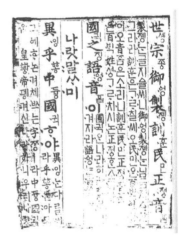

『훈민정음(언해본)』

해설과 그 용례를 명시적으로 보인 책으로 새로운 문자가 처음 만들어졌기 때문에 불가피하게 한문으로 구성되어 있다. 크게 어제서문, '예의'와 '해례', 그리고 권말의 정인지 서문으로 나뉜다. 그 반면에 『훈민정음(언해본)』은 말 그대로 우리말로 번역한 국역본이다. 『훈민정음(해례본)』의 어제서문, '예의' 부분만을 충실하고 정확하게 번역한 것이다.

둘째, 『훈민정음(해례본)』은 현재 세상에 전하는 유일본이다. 최근에 또 다른 상주본의 실체가 알려지기는 했으나, 그 전모를 알 수는 없어 현재 공식적으로는 단 한 권밖에 없는 문헌이다. 그 가치를 인정 받아서 국호 70호이며 서울시 성북구 간송미술관에 소장되어 있다. 그래서 '간송본', 혹은 '간송 전형필본'이라고 부르기도 한다. 『훈민정음(언해본)』은 여러 이본이 있다. 다만 학술적 가치가 가장 큰 것은 『월인석보』 첫머리에 실려 전해오는 서강대 도서관 소장본이다. 책 이름은 '세종어제훈민정음(世宗御製訓民正音)'이라고 되어 있다.

셋째, 『훈민정음(해례본)』은 '예의'에서 새로운 문자의 음가와 그 운용법을 밝히고 있으며, '해례'의 '제자해, 초성해, 중성해, 종성해, 합자해, 용자례'에서는 신문자의 제자원리 및 그 사용에 대하여 자세히 설명하고 있다. 특히 이 책이 발견되면서 '제자해'를 통해서 훈민정음 창제의 기원과 원리에 대한 세상의 의문이 어느 정도 풀리게 되었다.

『훈민정음(언해본)』은 『훈민정음(해례본)』의 어제서문, '예의'를 우리글로 번역하고 있는데 단순히 그 번역만을 보여주는 것이 아니라 번역자가 어떤 과정을 거쳐 원본의 한문을 우리말로 번역하고 있는지 그 면모를 확인할 수 있는 문헌이다. 특히 『훈민정음(해례본)』에는 없는 '한음치성(漢音齒聲)', 다시 말하면 당시 중국음에 대한 언급과 설명이 책 말미에 붙어 있어 흥미를 끌고 있다.

결국 '훈민정음'은 당시에 신문자 훈민정음과 그 문자를 한문으로 해설한 『훈민정음(해례본)』, 그것의 일부를 우리말로 번역한 『훈민정음(언해본)』이 있는 셈이다. 따라서 훈민정음이라고 하면 문자 '훈민정음'과 책으로서의 『훈민정음』을 구별하여 이해해야 한다.

책 『훈민정음』은 여러 종이 있다

『훈민정음(해례본)』은 유일본이지만, 〈예의본〉 경우는 크게 『훈민정음(해례본)』의 한문본과 『훈민정음(언해본)』으로 나누어 살펴볼 수 있다. 이들은 모두 『훈민정음』 '예의' 부분만을 그 내용으로 구성하고 있기에 붙여진 이름이다. 우선 한문본의 첫 번째 것이 『훈민정음(해례본)』의 권두에 실린 〈예의본〉이다. 이 〈예의본〉의 첫 장이 오래 전에 낙장이 되어 그 부분을 발견한 1940년 당시에 붓글씨로 보충하게 되었는데, 이 때 어제 서문 말미의 "便於日用耳"를 "便於日用矣"로 잘못 보수하여 옥에 티가 되었다. 그 사실은 한문본 이본 중의 하나인 〈세종실록본〉의 내용을 보고 나중에 알게 된 것이라 한다. 그 밖에도 〈예의본〉은 〈예부운략본〉, 〈열성어제본〉, 〈경세훈민정음도설본〉 등이 있다.

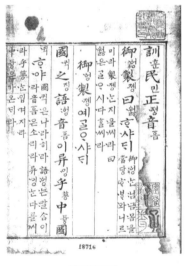

〈육당문고본〉

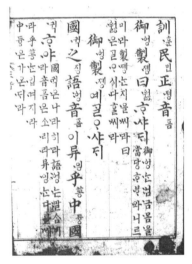

〈궁내청본〉

〈예의본〉 중에서 국역본은『훈민정음(언해본)』을 가리키며 그 이본 중에서 주목할 것은 4종이 있다. 이 4종 중에서『월인석보(月印釋譜)』권두본이 제일 오래되어 가장 좋은 판본으로 평가받고 있다. 나머지 것들은 모두『월인석보』권두본에서 파생된 이본의 성격을 지녀 후대에 만들어진 것이어서 그 가치가 상대적으로 떨어진다.

1972년 통문관을 통해 서강대 도서관이 소장하게 된『월인석보』가 세상에 공개됨으로써『훈민

〈고마자와(駒澤)대학본〉

정음(언해본)』의 최고는 이『월인석보』권두본이 되었다. 따라서 세조 5년(1459년)에 우리말로 번역한『훈민정음(언해본)』의 간행이 역사적 사실로 증명된 것이다. 다른 이본은 〈육당문고본〉, 〈고마자와(駒澤) 대학본〉, 일본 〈궁내청(宮內廳)본〉이 있다. 또한 희방사판『월인석보』권두본, 한중연 장서각 소장본, 서울대 〈일사문고본〉, 〈가람문고본〉도 이본에 해당한다.

이 중에서 〈육당문고본〉은 목판본으로 알려져 있는 간본으로 고려대 도서관 육당문고에 보관되어 있어서 그렇게 부르며 애초에는 〈박승빈본〉이라고도 불렀다. 〈고마자와(駒澤)대학본〉은 〈가나자와(金澤庄三郞)본〉이었던 것이 이 대학으로 옮겨 소장되어 있어 붙여진 이름이다. 이 중에서 〈고마자와(駒澤)대학본〉과 일본 〈궁내청(宮內廳)본〉은 필사본(筆寫本)이다. 〈고마자와(駒澤)대학본〉은『월인석보』권두본과 내용상 유사하며, 일본 〈궁내청(宮內廳)본〉은 〈육당문고본〉과

그 체재가 유사하다. 그러나 둘다 사료적 가치는 『월인석보』 권두본이나 〈육당문고본〉에 비해 떨어진다.

『훈민정음(해례본)』은 이렇게 구성되어 있다

여기서는 먼저 『훈민정음(해례본)』의 내용 구성 체계와 그 특징에 대하여 살펴보고자 한다. 『훈민정음(해례본)』은 아래와 같이 구성되어 있다.

어제서문	예의	해례(5해 1례)						정인지 서문
		제자해	초성해	중성해	종성해	합자해	용자례	
창제 배경과 목적	훈민정음 28자의 모양, 음가와 사용법	문자 원리와 사용법에 대한 해설					문자의 실제 용례	창제 목적과 특징, 창제자와 창제 시기, 편찬자와 편찬 시기
세종이 쓴 내용(4장)		집현전 학자들이 쓴 내용(29장)						

『훈민정음(해례본)』의 구성

『훈민정음(해례본)』은 크게 네 부분으로 나누어 볼 수 있다. 예의편은 어제서문과 훈민정음 자모의 모양과 음가, 그리고 훈민정음의 운용법 규정으로 구성되어 있다. 해례편은 5해와 1례와 정인지의 서문으로 크게 나누어 볼 수 있다. 이 『훈민정음(해례본)』 전체 33장 중에서 해례편 부분이 전체 문헌의 대부분을 차지하고 있다.

먼저 어제서문과 예의 부분을 살펴보기로 하자. 어제서문은 세종이 신문자 창제 동기와 목적을 밝힌 부분이다. 자모의 모양과 음가를 설명한 예의 부분은 한자를 이용해 초성 17자와 중성 11자의 발음을 설명하고 있다. 그리고 그 다음의 운용법에서는 종성법, 연서법, 병서법, 부서법, 성음법, 사성법 등 문자 사용 규정을 명확하게 밝히고 있다.

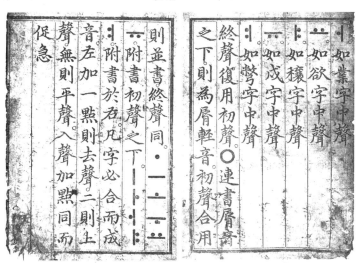

〈어제서문〉과 〈예의〉의 일부

    해례편은 5해와 1례로 구성되었는데, 〈제자해〉에서는 우선 훈민정음의 창제와 관련하여 음양오행설에 기반을 두고 있는 역(易) 철학의 대전제를 그 첫머리에서 밝히고 있다. 그에 따라서 신문자 훈민정음도 음양오행의 우주의 원리에 따라 필연적으로 만들어질 수밖에 없는 문자였음을 강조했다. 그것은 본문에서 등장하는 계절, 음악, 방위 등이 음양오행에 따라 설정된 원리에 부합하는 것이었다.

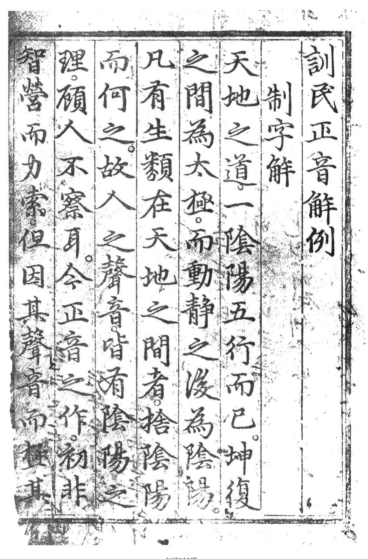

〈제자해〉

그리고 〈제자해〉에서는 훈민정음의 창제 원리가 상형에 두고 있음을 밝히고 있다. 〈제자해〉의 이 서술은 훈민정음의 제자원리가 분명하게 제시된 부분으로 초성자의 경우 발음 기관을 상형하여 만든 오음 기본자(ㄱ,ㄴ,ㅁ,ㅅ,ㅇ)를 바탕으로 인성가획(因聲加劃)과 이체(異體)

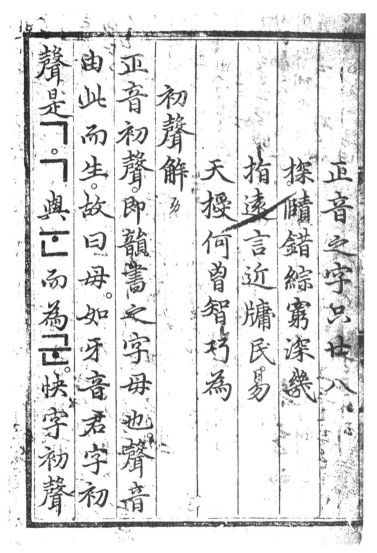

〈초성해〉

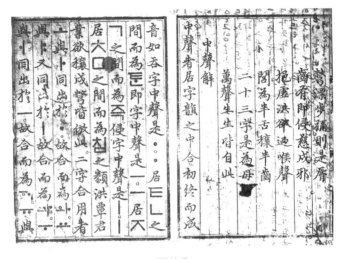

〈중성해〉

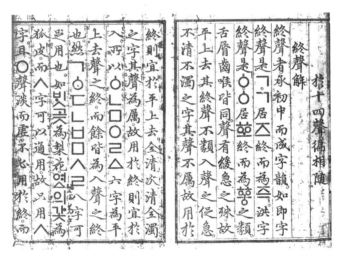

〈종성해〉

의 원리에 따라 나머지 초성자가 만들어졌음을 설명하고 있다. 결국 초성자의 제자원리는 상형, 가획, 이체의 원리로 요약될 수 있다. 중성자는 천지인(天地人) 삼재(三才)에 바탕으로 두고 상형하여 만들어졌음을 밝히고 있는 바, 중성의 기본자 3자(·, ㅡ, ㅣ)를 시작으로 이

기본자의 결합을 통해서 초출자 4자(ㅗ, ㅏ, ㅜ, ㅓ)와 재출자 4자(ㅛ, ㅑ, ㅠ, ㅕ)가 만들어지는 과정을 명시적으로 보여주고 있다.

〈초성해〉에서는 초성의 위치에서 초성이 중종성과 결합하여 음을 이루는 방식을 설명하고 있으며, 〈중성해〉에서는 중성의 위치에서 초종

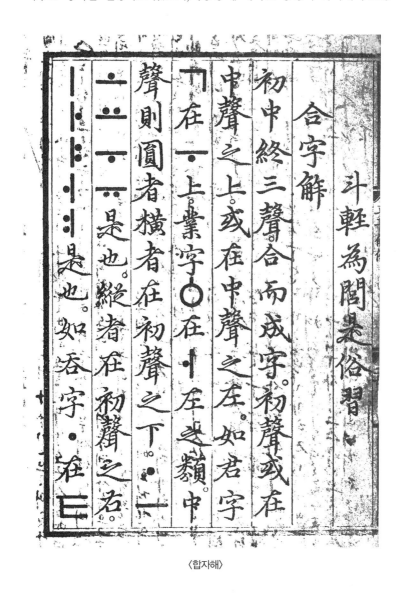

〈합자해〉

命詳加解釋以諭諸人於是臣
與集賢殿應敎臣崔恒副校理
臣朴彭年臣申叔舟修撰臣成
三問敦寧府注簿臣姜希顏行
集賢殿副脩撰臣李塏臣李善
老等謹作諸解及例以敘其梗
棨庶使觀者不師而自悟若其
淵源精義之妙則非臣等之所

讀官府民間至今行之。然皆假
字而用或澁或窒。非但鄙陋無
稽而已。至於言語之間則不能
達其萬一焉。癸亥冬我
殿下創制正音二十八字略揭
例義以示之名曰訓民正音象
形而字倣古篆因聲而音叶七
調三極之義二氣之妙莫不該

能發揮也。恭惟我
殿下。天縱之聖制度施為超越
百王。正音之作無所祖述而成
於自然豈以其至理之無所不
在而非人為之私也。夫東方有
國不為不久。而開物成務之
大智蓋有待於今日也歟。正統
十一年九月上澣資憲大夫禮

〈정인지 서문〉

성과 결합하여 음을 이루는 방식을 규정하고 있다. 덧붙여 중성의 병서법이라고 일컬을 수 있는 '이자합용(二字合用)'과 '삼자합용(三字合用)'으로 가능한 중성자의 18자의 예를 보여주고 있다. 〈종성해〉에서는 종성의 위치에서 초중성과 결합하여 음을 이루는 방식을 설명하고 있으며, 이어서 입성법을 통해 '이영보래(以影補來)'와 '팔종성법(八終聲法)'을 통해 현실적 받침 규정을 명시적으로 제시하였다.

〈합자해〉에서는 먼저 부서법에 대하여 설명한 후, 합용병서와 각자병서가 쓰인 예를 고유어를 중심으로 보여주고 있으며, 한자와 우리말을 섞어 쓸 때의 규정인 '보이중종성법(補以中終聲法)'과 우리말의 사성법, 그리고 국어에서의 'ㆆ'과 'ㅇ'의 통용, 반설경음을 통해서 연서법 규정을 보충하고 있다. 용자례에서는 94개의 고유어 어휘를 제시하여 초성, 중성, 종성에 따라 그 어휘들이 어떻게 그것이 표기되었는지 그 양상을 당시의 기초 어휘 중심으로 나열하고 있다. 이에 대한 설명은 다음 장에서 다루고자 한다.

정인지의 서문(후서)에서는 훈민정음 창제의 이유, 훈민정음의 우수성, 창제 및 편찬 인물, 편찬 시기 등을 밝힌 부분인데, 결국은 해례본의 편찬 경과에 대한 언급이라고 할 수 있다. 이두 사용의 불편함, 한문 사용에 따른 송사의 어려움은 훈민정음이 창제될 수밖에 없는 이유라고 밝히고, 훈민정음은 전환이 무궁하고 간단하면서도 긴요하며 정밀하여 어떤 소리라도 다 적을 수 있는 보편적 문자 체계임을 강조하고 있다.

우리말로 번역된 『훈민정음(언해본)』

『훈민정음(언해본)』은 『훈민정음(해례본)』 전체를 우리말로 번역한 것이 아니었다. 『훈민정음(해례본)』 중에서 '예의편'만을 당시 우리말로 번역했다. 전체 백성을 위한 것이었다면 『훈민정음(해례본)』을 모두 번역했어야 했다. 그러나 『훈민정음(해례본)』의 독자층은 한문에 익숙한 식자층 중심이었을 것이다. 따라서 그들을 위해서는 전체 번역이 불필요했을 수도 있다.

훈민정음의 혜택은 전체 백성에게 돌아가야 하는 것이었기 때문에 한문을 잘 모르는 언중들을 위해서 우리말로 번역하는 것은 당연한 일이다. 다만 훈민정음의 원리가 압축적으로 요약되어 있는 '예의편' 정도는 번역자의 입장에서 일반 백성들도 익히고 알아야 한다는 의도

『훈민정음(언해본)』의 일부

에서 이 부분만을 번역한 것으로 추정해 볼 수 있다. 심오한 제자원리가 음양오행과 얽혀 있는 '해례편'은 일반 백성을 위해서는 필수적인 번역의 대상이 아니라고 판단했을 것이다.

『훈민정음(언해본)』에서는 먼저 구결문의 형식으로 한문 원문에 우리말로 토를 달아서 먼저 언해가 이루어졌다. 그것은 이전의 차자 표기에서 한자의 약자 등으로 토를 달던 방식에서 그 약자 대신에 훈민정음이 그 기능을 이어받은 것이다. 한문 원문을 구 단위로 끊고 주로 조사나 어미 등의 허사를 훈민정음으로 표기하였다. 훈민정음의 현토(懸吐) 기능을 엿볼 수 있는 대목이다. 이 기능은 한문의 보조적 수단으로 훈민정음이 활용된 예로 20세기 초까지 계속 활용되었다.

또한 원문 한자 아래 그 한자의 한자음을 훈민정음으로 달아 놓았다. 표기의 양상을 보면 당시의 속음, 곧 조선 현실음이 아님을 알 수 있다. 이 한자음은 동국정운식 한자음이다. 이것은 조선 현실음과 중국 원음인 한음(漢音) 사이의 차이를 극복하고자 『동국정운(東國正)

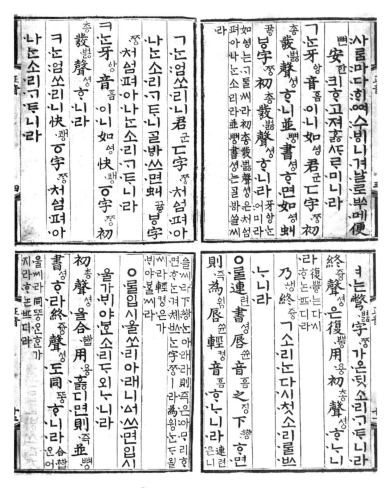

『훈민정음(언해본)』의 일부

韻』(1448) 운서에서 제정한 이상적인 교정음에 해당하는 것이다.

그 다음엔 한 행에 두 줄로 앞에 나온 한문의 한자를 우리말로 새긴 협주의 방식이다. 해당 한자의 우리말 뜻을 정확히 풀이한 것을 알 수 있는데, 두 가지의 원칙이 있었던 것으로 판단된다. 그 하나는 한번 출현된 한자는 다시 새기지 않는 원칙이다. 한자의 뜻과 음을 모르는 일반 백성을 위한 친절하고 정확한 주석의 형태였다.

우리말 풀이 방식에도 일정한 규칙이 있었다. 그 한자가 어떤 단어 부류에 속하는지를 판단한 후에 그 새김의 형식을 한자마다 달리했다. 즉, 그 한자가 명사류에 속하면 '-이라'의 형식으로, 용언류에 속하면, '-ㄹ씨라'의 형식으로, 부사류에 속하면 '- ᄒᆞᆫ 쁘디라'의 형식으로, 허사류에 속하면 '아모그에 ᄒᆞᆫ 겨체 쓰는 字ㅣ라', 혹은 '입겨지라'의 형식으로 뜻풀이를 한 것이다. 번역자가 각 단어에 대한 어휘적 특성을 잘 이해하고 있었던 문법 의식이 드러난 것이었다.

결국 『훈민정음(언해본)』의 우리말 번역 구조는 한문 원문에 토를 달아 구결문 형식으로 1차 번역을 했다. 그 다음에 처음 등장하는 한자에 대한 뜻과 음을 협주로 달아 놓으면서 한자의 음과 뜻에 대한 언해로 2차 번역이 이루어졌다. 자연스럽게 한자의 새김이 이루어진 것이다. 마지막으로 구결문과 협주를 연결하여 우리말 문장을 생성해 내면 문맥에 맞는 우리말로 번역이 이루어지는 구조였다. 이러한 번역 구조를 통해서 알 수 있는 것은 이 번역의 수혜자, 다시 말하면 독자층이 일반 백성이었다는 점을 추론할 수 있다. 양반 등의 식자층을 위해서는 번역이 필요 없었을 것이다. 따라서 『훈민정음(언해본)』은 신문자를 처음 접하는 일반 백성을 염두에 둔 언해 방식이었을 것이다.

이 언해본 체계에서 특기할 만한 것은 어제서문과 예의 부분의 언해가 끝난 후 말미에 중국 한음에 대한 규정이 첨가된 부분이다. 중국어 치두음과 정치음에 대한 설명인데, 한문본에는 없는 규정으로 번역자가 임의적으로 삽입한 것으로 보인다. 그러나 번역자의 의도대로 추가한 부분이었다 할지라도 그 형식이 여전히 구결문 → 협주 → 언해문으로 되어 있는 구조를 볼 때 이미 그 한문 원문이 있었을 것으로 추정해 볼 수도 있다.

『훈민정음(해례본)』의 예의편에는 위와 같은 우리말에 번역에 해당하는 원문이 없다. 번역자가 참고한 『훈민정음(해례본)』의 예의편에

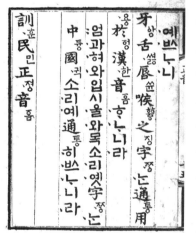

『훈민정음(언해본)』의 '한음치성' 부분

원래의 한문 문장이 있었다면, 그것을 바탕으로 번역자는 구결문 → 협주 → 언해문의 형식으로 우리말로 번역했을 것이다. 훈민정음이 우리말 표기를 위한 문자 체계로, 이상적 교정음을 전사하기 위한 표음 기호로, 중국 한음을 전사하기 위한 발음 기호로 다양하게 쓰였음을 보여주는 것이다. 따라서 정치음와 치두음의 첨가는 당시의 훈민정음의 기능으로 보았을 때, 당연히 필요했던 것으로 여겨진다. 다만, 임의적 추가인가 아니면 원문을 보고 언해한 것인가 하는 문제는 정확히 알 길이 없다.

지금 전하는 『훈민정음(해례본)』의 어제서문과 예의의 또 다른 판본이 있을 수 있다는 추론도 가능하다. 그러나 세종실록에 실린 어제 서문과 예의 부분에 '치두음'와 '정치음'에 대한 기술이 없기 때문에 그 가능성은 희박해 보인다. 다시 말하면 '한음치성' 부분은 언해본 번역자의 주관적인 언어관을 반영한 산물이라고 보는 것이 더 타당해 보인다. 그런데 이 번역자는 누구였을까? 한음 치성에 대한 치밀한 서술로 봐서는 중국어에 조예가 깊은 역관은 아니었을까?

'훈민정음'과 그 자모의 명칭은?

훈민정음은 창제 당시부터 현재까지 꾸준히 사용되어 온 명칭이다. 15세기에는 '훈민정음'을 줄여 '정음'이라고 부르기도 했다. 또한 창제 당시에는 '언문(諺文)'이라는 명칭도 함께 사용하였다. 이 명칭은 20세 기 초까지 다양한 문헌에서 등장한다. 양반들 중 일부는 훈민정음을 낮춰 부르는 이름으로 사용하기도 했지만, 이 '언문'은 훈민정음과 더 불어 조선시대에 보편적으로 쓰인 명칭이었다.

언문을 훈민정음을 낮잡아 이르는 말로 오해하고 있으나, 훈민정음 창제 당시에도 훈민정음이라는 명칭 대신에 언문이 빈번하게 등장한 다. 심지어 '上親製諺文二十八字'와 같은 표현을 통해 볼 때, 언문이라 는 표현이 훈민정음을 무조건 낮춰 부르는 명칭이 아니었음을 알 수 있다. 위에서 '上'은 임금을 뜻하는 바, 임금이 직접 지으신 '언문'이 낮게 평가될 대상은 아니기 때문이다. 물론 한문을 숭상하고 한문에 대하여 그 위상을 폄하하고자 했던 보수적인 양반층에서는 언문을 부정적으로 인식하기도 했다. 그러나 언문은 당당하게 훈민정음의 또 다른 이름이었다.

'반절(反切)' 등의 명칭으로 불리기도 했다. 반절이라는 용어도 훈민 정음의 다른 이름으로 사용되었다. 이 명칭에 주목해 본다면 훈민정음의 기능과 관련지어 생각해 볼 수 있다. 종래 중국 운서의 한자음 표시는 '양자 표음법(兩字表音法)'이었다. 한자 두 자를 이용하여 중국 한자음을 적는 '반절법'이다. 예컨대, 훈민정음 창제 이전에는 '東'이라는 한자의 음을 알기 위해서는 반절 상자인 '德(덕)'과 반절 하자인 '紅(홍)'을 이용하여 성(聲, ㄷ)과 운(韻, ㅗ+ㅇ)의 결합으로 한자음 '동'을 인식하고 이해하는 방식이었다.

그러나 훈민정음이 창제된 후에 그 발음 기호의 역할은 훈민정음이 담당하게 되었다. 다시 말하면 훈민정음이 한자 '반절'의 역할을 하게 된 셈이다. '반절'이 훈민정음의 다른 이름으로 불리게 된 이유를 여기서 찾을 수 있다. 또한 훈민정음은 항간에서는 주로 여자들이 사용하는 문자나 글이라고 해서 '암클'이라는 표현이 사용되기도 했었다.

1984년 이후에는 훈민정음은 '국자(國字)'의 지위를 얻어 '국문'이라는 명칭이 사용되었다. 훈민정음 창제 이후 450여 년이 지난 후였다. 그러나 1913년 이후에는 '하나의 글, 큰 글, 한나라 글'이라는 뜻으로 '한글'이라는 새로운 명칭이 만들어졌고, 현재까지 사용되고 있다. 북에서는 '한글'이라는 명칭에 대한 부정적인 인식 때문에 '조선글', '조선글자'라고 부른다.

훈민정음 자모의 명칭은 15세기 훈민정음 창제 당시에는 없었던 것으로 추정된다. 그 문헌적 근거를 발견하기 어렵기 때문이다. 창제 당시의 자모 명칭을 추정해 볼 수는 있으나, 현재 자모 명칭의 기원이 되는 최세진의 한자 학습 어휘집인 『훈몽자회(訓蒙字會)』(1527) '언문 자모'의 설명을 통해서 그 추정이 가능하게 되었다.

『훈민정음(언해본)』에서 훈민정음 자모의 설명 부분을 보면 'ㄱ는 엄쏘리니 君군ㄷ字쭝 처섬 펴아 나는 소리 ㄱᄐ니'에서 그 실마리를 찾아볼 수는 있다. 밑줄 친 'ㄱ' 다음의 조사가 '는'으로 등장한다는 것은 'ㄱ'의 명칭이 자음으로 끝날 수 없다는 것을 뜻한다. 그리고 『훈몽자회』의 범례 '언문자모(諺文字母)'에서는 초성자로만 쓰일 수 있는 글자를 '키, 티, 피, 지…' 등으로 부르고 있다는 점에서 15세기에 'ㄱᄂ' 은 [기ᄂ]으로 읽혔을 것이다. 그렇다면 자연스럽게 그 자모의 명칭을 '기'로 추정해 볼 수 있을 뿐이다.

따라서 지금 우리가 사용하는 한글, 훈민정음의 자모 명칭은 『훈몽자회』 범례 '언문자모(諺文字母)'에 드러난 것을 그 기원으로 삼을 수밖에 없다. 다시 말하면 당시 초성과 종성에 모두 쓰이는 글자들을 '其役(기역), 尼隱(니은), 池末(디귿), 리을(梨乙)…'로, 초성에만 쓰인 글자들은 '箕(키), 治(치) …' 등으로 표기했다는 사실을 통해 현재 우리가 사용하는 훈민정음 명칭의 유래를 확인할 수 있다. '箕(키), 治(치)' 따위의 자모는 나중에 종성에도 사용됨으로써 '키읔, 치읓' 등의 명칭이 되었다.

다만, '其役(기역), 池末(디귿), 時衣(시옷)'의 경우는 '기윽, 디읃, 시웃'에 되어야 마땅했다. 그러나 당시에 '윽, 읃, 웃'에 해당하는 한자가 없어서 불가피하게 '役'을 '윽'과 가장 유사한 한자의 음으로 빌려 쓰고,

『훈몽자회』

'末, 衣'는 그 뜻을 빌려 각각 '귿(끝), 옷'으로 불렀던 것이다. 이러한 연유로 '기역, 디귿, 시옷'과 같이 다소 예외적인 명칭이 굳어졌다. 그 전통을 계승하여 지금도 〈한글맞춤법〉 자모 명칭은 '기역, 니은, 디귿, 리을, 미음, 비읍, 시옷, …' 등으로 부르고 있다. 역사적 전통성을 계승한 명칭이라고 할 수 있다. 북한은 '기윽, 니은, 디은, 리을, 미음, 비읍, 시읏, …' 등으로 우리와 다소 다르다. 규칙성에 기반하여 자모 교육의 수월성 및 효율성을 위한 명칭 설정으로 보인다.

'國之語音'과 '나랏말씀'은 어떤 의미일까?

『훈민정음(해례본)』과 『훈민정음(언해본)』에는 각각 '國之語音'와 '나랏말씀'이라는 표현이 어제서문에 등장한다. 언해본이 해례본의 번역일 터이니 '國之語音'의 번역이 '나랏말씀'이라는 점에는 이견이 없다. 그러나 여기엔 몇 가지 궁금증이 있다. '國之語音'의 의미가 무엇일까 하는 점이 그 하나요, 왜 '나랏말소리'가 아니라 '나랏말씀'으로 번역했을까 하는 점이 그 두 번째이다.

'국지어음'에 대한 내포적 의미는 많은 학자들의 논란거리였다. 문자로 보는 시각, 당시 조선어로 보는 시각, 소리로 보는 시각, 조선어 문장으로 보는 시각, 소리 중에서 한자음을 포함하는 관점 등이 그것이다. 심지어 '국지어음'을 현대 언어학의 랑그로, 혹은 파롤로 해석해 보면서 서구 구조주의의 개념을 도입해 이해하고자 하는 시도도 있었다.

어제서문에 '여문자불상유통(與文字不相流通)'이라는 표현과 대응해 보면 이 '문자'는 한자에 해당한다. '국지어음'은 우리 문자일 수도 있겠으나, 창제 초기에 우리 문자는 없었으니 그것도 아주 마땅치는 않다. '국지어음'을 당시 조선어로 보게 되면 랑그든 파롤이든 그 어느 것으로 봐도 해석은 가능할 듯하다. '국지어음'의 한자 뜻 그대로 번역하게 되면 '우리나라의 말소리'에 해당하는 바, 이것도 분명히 당시 중국의 소리와 달랐으니 아주 틀렸다고 보기 어렵다. 또한 '국지어음' 은 '與文字不相流通'와 연관 지어 달리 생각해 보면 문자(한자)와 더불 어 서로 통하지 않았다는 의미이니 조선어 문장일 수도 있겠다.

또한 당시 식자층에서 중국 한자음과 우리 한자음의 불일치와 그 혼란을 인식하고 있었다는 점에서 '국지어음'이 우리 한자음과 그 맥락 적 의미가 연결될 수도 있다. 여기서 우리 한자음은 중국의 한자음이 아닌 당시 조선의 동음이자 속음일 것이다. 따라서 '국지어음'의 포괄 적이고 일반적인 '음' 속에 우리 한자음이 포함될 것이다. '국지어음'에 대한 그 내포적 의미가 이렇게 다르게 되는 것은 어제서문이 띠고 있는 텍스트 자체의 압축성과 역사적 언어 현실에 대한 다양한 해석에 기인한 것이다.

그런데 왜 '국지어음'의 번역은 '나랏말쏘리'가 아니라 '나랏말쏨'일 까? '나랏말쏨'이라는 표현으로 번역한 번역자의 의도는 무엇일까? 직 역이 아닌 의역의 의도는 무엇이었을까? 번역자는 국지어음'을 당시 조선어로 보고자 했기 때문에 '나랏말쏨'으로 번역한 것은 아닐까? 그 렇다면 세종의 의도와 번역자의 번역 의도에는 어느 정도 간극이 존재 했다고 이해할 수밖에 없다. 이에 대한 다양한 논란과 논쟁은 여전히 학계에서 진행 중이다.

3. 왜 만들었을까?*

훈민정음 창제의 어학적 맥락

훈민정음 창제 목적은 우선 『훈민정음(해례본)』 어제서문에 드러나는 문헌적 근거에 따라 다음과 같이 정리되어 왔다.

> 1) 나라의 말이 중국과 달라서 문자와 더불어 서로 통하지 않았다.
> 2) 자신의 뜻을 제대로 펼치지 못하는 백성을 불쌍히 여겼다.
> 3) 백성들이 매일 쓰고 쉽게 익힐 수 있는 문자를 만들었다.

『훈민정음(해례본)』의 어제서문에서는 자주 정신, 애민 정신, 실용 정신이라는 내용으로 훈민정음의 창제 목적을 위와 같이 밝혔다. 곧 고유 문자가 없는 국가적 체면과 백성을 사랑하고 어여삐 여기는 마음으로 신문자를 만들었으며 그것은 누구나 쉽게 익힐 수 있는 백성들의 문자임을 강조하는 것이었다. 또한 『훈민정음(해례본)』 정인지 후서를 보면 이두의 불편함을 해소하기 위해서 훈민정음이 창제되었다고 덧붙이고 있다.

세종이 훈민정음을 만들기 전에 조선은 불완전한 언어생활을 하고 있었다. 한자나 한자를 빌려 만든 글자를 일부 지식인 계층이 사용하고 있었으나, 말과 글이 일치하지 않아서 자신이 생각하는 바를 제대로 표현하기 어려웠다. 특히 평민 계층이라고 할 수 있는 백성들을 위한 글자는 아예 없었다. 그로 인해 그들이 억울한 일을 당하기도 했고 의사소통을 원활하게 할 수 없었던 상황이었다. 심지어 최만리

---

* 3장의 일부는 이상혁(2003)을 대폭 수정하여 다시 정리한 것이다.

같은 보수적인 일부 학자들은 새로운 문자를 만드는 것을 반대하기도 했다.

세종은 주변 국가들의 고유 문자에 대한 정보와 지식을 알고 있었을 뿐만 아니라 중국 성운학과 음양오행의 역 철학에 깊은 조예를 갖추고 있었다. 또한 새로운 문자를 갈망하는 백성들의 고충을 누구보다도 이해하고 있었다. 이에 세종은 우리말에 맞는 고유 문자가 필요하다는 인식을 하게 되었다. 위에서 보는 바와 같이 『훈민정음(해례본)』의 '어제서문'에는 이러한 세종의 생각과 정신이 잘 구현되어 있다.

또한 어제 서문에 첫머리에 나타나는 '國之語音'과 그 국역인 "나랏말씀"에 주목하여 훈민정음 창제 목적에 대한 논의가 있었다. 즉 국지 어음이 과연 무엇을 가리키는가 하는 문제였다. 훈민정음 창제의 목적이 한자음에 있었다고 보고 국지어음을 우리나라 말이 아니라 우리나라 한자음이라고 보고 훈민정음 창제 목적을 한자음 개신이라는 측면에서 바라본 해석도 있었다.

이렇게 우리말을 쉽고 편리하게 적을 수 있도록 훈민정음이 창제되었지만, 하나의 목적만으로 훈민정음이 만들어진 것은 아니었다. 당시에 훈민정음은 '천하의 성음'을 모두 표기할 수 있다고 했기 때문에 혼란스러웠던 중국 한자음을 정확하게 적기 위한 발음기호의 역할도 함께 하고 있었을 것이다. 일차적으로는 당시 우리말을 적기 위한 표기로서 훈민정음이라는 문자 체계를 만든 것은 명백한 것이었다. 그러나 그 사용의 양상을 보게 되면 훈민정음은 다양한 기능을 가진 새로운 표음문자였고 음소문자였다.

또한 고유어 표기와 한자어 표기가 모두 국어 표기임을 강조하고 한자음 주음을 위해서 훈민정음이 창제되었다는 해석에 부정적 견해를 피력하기도 하였다. 훈민정음이 '우민(愚民)'을 위해 '편민(便民)'할 목적으로 창제된 것이라고 보고 '국자(國字)'의 필요성에 대한 세종

자신의 절실한 자각이 창제의 직접적인 동기라고 보기도 하였다.

당시의 문헌에서 한자음을 주음하는 방식이 문헌마다 차이가 나는 점에 주목하여 훈민정음 창제 후 문자 사용의 측면에서 독자층을 고려한 국면이 있다고 해석하기도 하였다. 그리하여 훈민정음 창제의 목적은 한자와 훈민정음의 조화로운 병용을 의도한 것이었다는 견해도 제기되었다. 곧 한자의 대체 수단으로서 훈민정음이 창제된 것이 아님을 간접적으로 언급한 것이다. 결국 당시의 세종 정신은 한글 정신인 것은 맞으나, 한글 '전용'의 정신이 아니라는 점을 강조하는 입장이었다.

어떤 학자는 창제의 '목적'과 '동기'를 구분해서 파악해야 한다고 하였다. 즉 '창제 동기'란 창제의 의도와는 관계가 없이 창제가 있게 된 직접적 원인과 관련되는 국면이고, '창제 목적'은 창제를 한 의도와 관련되는 국면이라고 구별하였다. 또 다른 관점은 '성인지도(聖人之道)'를 밝혀 이상 정치를 구현해야 한다는 인식이 직접적 동기이며, 표기 수단이 없는 점, 국가 체면의 문제, 한자음, 외국어음을 표기의 문제는 수단과 결과이지 목적이 아니라는 주장을 전개하기도 하였다.

훈민정음 창제로 실현된 신문자의 다양한 기능을 고려해 본다면 고유어를 위한 표기니, 한자음을 위한 표기니 하면서 그 창제 목적을 단순화할 수 없다는 데 그 핵심이 있다. 훈민정음 창제 이후,『훈민정음(해례본)』에서는〈용자례(用字例)〉를 통해서 고유어 94개를 신문자로 표기하고 있다.『훈민정음(해례본)』의〈용자례(用字例)〉의 모습을 보면 훈민정음은 고유어 표기를 위해 만들어진 문자라는 점이 분명하다.

그러나『동국정운(東國正韻)』(1948)의 편찬과『홍무정운역훈(洪武正韻譯訓)』(1455)의 간행은 또 무엇을 사사하는 것일까?『동국정운』은 최초로 이루어진 한자음 통일안으로 조선 한자음 자전이다. 그리고『홍무정운역훈』역시 한어 발음을 표기하기 위한 한어 발음사전이자 한조(漢朝) 사전이다. 이 사전에서는 한자 대신에 훈민정음이

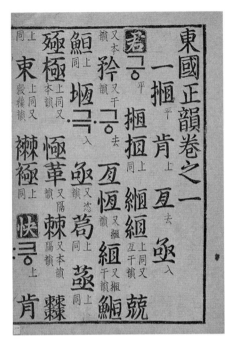

『동국정운』

발음 기호로서 그 역할을 한 것이다.

당시의 국가 어문 사업의 관점에서 각종 언해류의 간행은 훈민정음을 한문 번역어의 수단이라는 측면에서는 바라본 관점도 있었다. 그리고 『훈민정음(언해본)』에서 "國之語音이 異乎中國ᄒᆞ야 與文字로 不相流通ᄒᆞᆯ씨…"에서 보여주는 표기 방식을 통해서 한문 원문에 토를 훈민정음으로 달아 신문자가 차자 표기 대체 수단으로 활용되었음을 알 수 있다.

그렇다면 그 당시에 사용된 훈민정음 표기 양상에 따라 다음과 같이 중층적으로 창제 목적이 정리될 수 있겠다. 그것은 고유어 표기, 조선 한자음인 동음(東音)과 당시 중국음인 화음(華音)을 포함하는 한자음 표기, 번역어, 그리고 구결이나 이두를 대체하는 문자 체계로서 기능한 목적이었다. 그것은 곧 훈민정음의 창제 목적 단순하지 않고 복합적이라는 점을 우리에게 말해주고 있다.

훈민정음 창제의 역사적·사회적 맥락

이상과 같은 언어내적 창제 목적론과 함께 어제서문에서 등장하는 '우민(愚民)'을 교화하고자 하는 훈민 정책의 일환으로서 역사적 측면에서 훈민정음 창제 목적을 살펴볼 필요도 있다. 훈민정음 창제가 가져온 당대 인문학적 대전환을 고려해 본다면 언어내적 동기론만으로는 창제 목적을 명확하게 설명하는 데는 다소 불충분한 점이 있다.

역사학계에서는 훈민정음 창제와 관련된 논의에서 신문자 창제에 관한 역사적 배경이 동시에 고려되어야 함을 강조하였다. 그리하여 조선 왕조의 정치·사회적 구조와 결부시켜 당시 국가 정책으로서의 훈민 정책과 그 수행을 위한 신문자 제정의 불가피성을 강조하기도 하였다.

세종 이전에는 지배층이 백성들을 위해 문자를 만들지 않고서도 그들을 다스리는 데 불편함을 느끼지 못했다. 그런데 왜 하필이면 15세기에 훈민정음이라는 문자 창제가 이루어졌는가에 대한 역사학계의 문제 제기였다. 어느 개인의 능력이나 심리 상태가 역사적 사실의 중요 원인으로 부각되면 역사가 우연의 소산물로 이해되거나 영웅주의적 사관에 빠질 위험이 있다고 경계하였다. 신문자 창제의 동기에 대한 새로운 이해로 당시 백성들의 자의식 향상에 초점을 맞춘 창제 동기론을 강조한 것이다.

다시 말하면, 훈민정음의 창제는 위정자의 자애심이 바탕이 되어 어리석은 백성을 위하여 만든 것이 아니라는 입장이다. 백성 세계가 스스로 자의식을 높여 감으로써 얻을 수 있었던 전리품과도 같은 것이라고 역사적 해석을 덧붙였다. 곧 왕이나 위정자의 입장에선 지배 목적의 일환인 통치 이데올로기의 보급을 위한 수단이겠으나, 백성의 처지에서 보면 값이 높은 전리품이었고, 그렇기 때문에 그 훈민정음은 처음부터 진정한 백성의 것이 될 수 있었다는 시각과 관점이었다.

이러한 사학계의 견해는 그동안 훈민정음 창제의 목적을 언어내적 동기론에서 찾고자 했던 국어학계의 시각을 역사적 관점에서 새롭게 조망한 의미 있는 시도였다. 따라서 훈민정음이 왜 만들어졌는가 하는 문제와 관련하여 우리는 다음과 같은 질문을 다시 던져볼 수 있다. 이 문제 제기는 훈민정음 창제에 대한 인문학적 물음이다.

① 신문자가 탄생할 당시의 인문학적 자양분은?
② 훈민정음 창제 목적의 언어내적 맥락은?
③ 훈민정음 창제 목적의 역사적, 사회적 의미는?

우선 훈민정음의 탄생은 당연히 문자 음운학으로 대표되는 중국 성운학의 발달과, 차자 표기의 한계, 그리고 성리학 수용 이후 역(易) 철학의 발달에 기인한 것이었다. 훈민정음 창제는 한자를 극복한 새로운 표기 체계의 완성이기도 했지만, 그 탄생 기반은 한자음을 어떻게 표기할 것인가 하는 문제와 연계된다. 성운학의 기본 개념인 '성(聲)'과 '운(韻)'의 변용이 훈민정음의 초성, 중성, 종성의 3분법으로 실현되었기 때문이다. 또한 고려시대의 운서의 수입, 운서의 복간(覆刊), 자체 운서의 제작이라는 일련의 과정이 성운학에 대한 깊이를 가져오게 했다. 그 결과 운서에서 한자음을 표기하는 한자 중심의 반절보다 더 효율적인 발음 기호로서 훈민정음 탄생은 필연적이었다.

또한 『훈민정음(해례본)』의 〈제자해〉에서 확인할 수 있듯이 신문자의 제자 원리는 역 철학에 기반을 둔 것이었다는 점이 명백히 밝혀

졌다. 따라서 훈민정음 창제의 자양분이라고 할 수 있는 역 철학은 신문자 창제에 이론적으로 적용될 수밖에 없는 중요한 인문학적 배경이 된 것이다. 고려 말 성리학의 융성과 그에 따른 이론적 기반에서 형성된 역 철학은 『훈민정음』의 철학적 원리이기도 하겠지만, 인문학적 시선으로 볼 때 유교라는 당대 가치관의 바탕이 되는 원리이기도 했다. 이것이 첫 번째 훈민정음 창제 배경론의 하나이다.

두 번째 문제는 훈민정음 창제 목적이 국어학적으로 무엇이었는가 하는 점이다. 신문자 사용의 측면에서 훈민정음 창제 목적을 살펴본다면 하나의 목적만을 가지고 훈민정음이 창제되었다고 보기엔 그 이전 혹은 당대의 시대 배경론을 간과하기 어렵기 때문이다. 즉, 문자 음운학으로 대표되는 성운학의 발전, 그리고 역 철학이라는 철학적 원리와의 관계를 설정하지 않을 수 없는 것이다. 그렇다면 언어내적인 의미의 창제 목적은 어떻게 규정하는 것이 보다 설득력이 있을까?

우리는 백성, 우민(愚民)의 문제를 좀 더 고민해 볼 필요가 있다. 우민은 어제 서문의 문맥에서는 단순히 글 모르는 평민일 수도 있다. 그러나 포괄적으로 보면 한자와 한자음의 관계를 정확히 이해하지 못하는 다수로서의 우민일 수 있다고 가정해 볼 수 있다. 그렇게 되면 단순히 글을 모르는 백성들을 위한 표기 체계로서 훈민정음이 창제된 측면이 하나가 있게 된다. 다른 하나는 동음이든 화음이든 한자음의 괴리라는 당대의 언어적 현실을 극복하기 위해 한자음 정리를 위한 훈민정음의 창제 목적과 연결된다. 후자의 경우는 조선에서의 성운학의 발달, 역철학의 도입과 성립이라는 역사적 사실에 부합하는 창제 목적이었을 것이다.

세 번째 문제는 훈민정음 창제 목적을 통섭적인 학제적 만남의 관점에서 논의되어야 한다는 측면에서 제기한 것이다. 그것은 첫 번째와 두 번째 문제를 바탕으로 해야 함은 물론이다. 훈민정음 창제 목적과 관련하여 국어학과 역사학의 통합적 논의가 필요하다. 신문자 창제는 일종의 언어 정책적 산물이다. 훈민정음 창제는 국어학적 성과를 넘어 새로운 어문 정책의 시작을 알리는 국가적 실천의 한 양상이었다. 따라서 국어학적인 영역 안에서 머물 수 없는 역사적 사실임을 인지할 필요가 있다.

전통적으로 국어학적 의미에서 바라본 훈민정음 창제 목적을 문헌상의 근거로만 논의할 것이 아니라 신문자 사용면에서 당대 국어학적 정책들이 어떻게 전개되었는가를 살펴보아야 한다. 따라서 우리는 인문학적 관점에서 훈민정음 창제 목적을 파악할 필요가 있다. 위의 문제 제기를 바탕으로 훈민정음의 창제 목적은 아래와 같이 정리될 수 있을 것이다.

고려 시대는 성운학의 발달을 가져온 시기이다. 그 과정에서 중국에서 운서가 직접 수입되기도 하고, 혹은 고려에서 직접 운서를 복각하기도 하고, 때로는 자체적인 운서를 간행하기도 하였다. 이것은 고려말 조선초 문자 음운학의 발전이었다. 그리고 그 과정에서 성리학이 유입되고 조선 왕조가 건설되면서 조선왕조는 불교에서 유교로 국가적 이데올로기를 바꾸면서 철학적인 면에서 역철학의 발전이 이루어진 계기가 되었다. 또한 국어사에서 차자 표기로 대표되는 이두나 구결이 지니는 표기의 한계가 드러나게 된 언문 불일치의 시대이기도 했다.

그런 인문학적 배경 아래서 훈민정음은 창제되었다. 〈용자례(用字例)〉의 고유어, 각종 언해류의 간행 등을 보게 되면 신문자는 고유어 표기를 위한, 그리고 우민을 편민(便民)하고자 했던 실용적인 표기 체계였다. 그러나 훈민정음은 고유어 표기만을 위한 문자 체계만은 아니었다. 발음기호로서 반절을 대체하는 수단이었으며, 그 결과는 『동국정운(東國正韻)』이나 『홍무정운역훈(洪武正韻譯訓)』의 정음 표기와 같은 한자음 정리였다. 이 때의 훈민정음은 단순한 문자라기보다는 발음 기호의 성격이었다.

한문의 권위가 여전히 지배하는 당대에 훈민정음은 『훈민정음(해례본)』의 정인지 후서의 언급과 『훈민정음(언해본)』의 구결문 형식에 초점을 맞추면 차자 표기를 대체하는 수단이기도 했다. 따라서 문자 사용 면에서 훈민정음 창제 목적은 복합적일 수밖에 없었다. 그것은 음소문자인 훈민정음이 가질 수밖에 없었던 태생적 장점에서 기인한 것이었다.

그러나 그러한 언어내적인 창제 목적 이면에는 역사적이고 정치사회사적 맥락의 언어외적 창제 목적이 있었음을 강조하지 않을 수 없다. 훈민정음이 위정자의 입장에서는 국가의 훈민 정책을 보급하고 백성들을 교화하는 중요한 통치 이데올로기적 수단이었으며, 백성들에게는 그들의 자의식 성장에 따라서 그들이 얻어낸 문화적 무기였던 셈이다.

따라서 훈민정음의 창제는 역사적으로도 위정자의 지배 논리, 혹은 훈민 정책과 백성들의 언어 표현 욕구를 해소해 주어야 한다는 필연적인 시대적 요청이었다. 그리고 훈민정음은 언어학적으로 성숙된 문화적 환경에서 탁월한 인문학적 식견을 가진 세종의 문자 창제 의지 및 언어 감각이 만들어낸 문화적 응축물이었다. 훈민정음은 이렇게 자연스럽게 중세의 어문 정책의 일환으로 탄생한 시대적 산물로 평가할 수 있다.

15세기에 훈민정음이 창제되면서 이 시대의 언어관은 그 새로운 국면을 맞이하게 되었다. 즉 한자 권위관의 위상이 흔들리기 시작한 것이다. 여전히 한자 문화권의 사회이기는 했으나, 훈민정음의 창제는 한자가 지닌 권위와 위상에 대한 도전이었다.

시대에 따라 한자음이 변하고 그 한자음을 교정하려는 여러 당대 연구자들의 고뇌 속에서 한자 혹은 한자음은 주자(朱子)의 이선기후

(理先氣後)의 이원론적 입장에서 언어도구관이라는 관점으로 파악할 수 있는 대상이 되고 말았다. 이(理)에 해당하는 사고가 기(氣)에 해당하는 언어(한자음)보다 앞선다는 성리학의 의식은 역설적으로 곧 한자 중심의 권위관을 15세기에 위축시키는 결과로 이어졌다. 이것은 한자 중심의 언어 권위관의 위기이자 변모의 변증법이다.

한자가 차지하는 위상이 여전히 높긴 했지만, 새로운 문자의 등장과 함께 그 기능과 역할이 축소되었다. 예컨대 한자음 표기에서 한자로 표음하던 양자 표음법, 곧 반절은 그 역할을 훈민정음에 넘겨주었다. 우리 운서의 한자음 표기는 정음이 그 전사 기호로서 소임을 다하게 된 것이다. 또한 문자 통용의 관점에서 보면 한자, 차자표기, 훈민정음이라는 3중의 표기 체계가 공존하는 양상이 15세기에 전개되었다. 그에 따라서 이 시대의 인문학적 기록이 다양한 표기체계로 가능하게 되었다.

이 질적 변화의 시기에는 한자 중심의 절대적 언어 권위관의 힘은 약화되고 언어 도구관이 15세기를 기점으로 한자 중심의 권위관과 힘겨루기를 하는 양상으로 전개되었다. 15세기의 훈민정음 창제는 단순히 국어학적 성과 이상의 의미를 지닌다. 그런 맥락에서 그 창제에 얽힌 배경, 목적 역시 국어학이나 문자학의 범위를 넘어서 논의되어야 한다. 국어학이라는 한계 안에서는 거시적인 인문학적 주제를 모두 담아내기 어려운 면이 있다. 바로 그러한 문제 제기가 훈민정음 창제 목적을 인문학적 시각에서 바라보아야 하는 이유이다.

4. 어떤 원리로 만들어졌나?

현재 사용되고 있는 지구상의 문자 중에서 그 제자원리를 온전히 간직하고 있는 것은 훈민정음밖에 없다. 서양의 고대 문자들은 말할 것도 없고, 라틴문자, 그리스 문자, 키릴 문자의 제자원리를 들은 바 없다. 동양의 한자 역시 그 유구한 역사를 자랑하고 있으나, 상형에서 비롯하여 육서의 원리에 따라 발달해 온 사실을 학자들이 밝힌 바 있다. 그러나 그것은 한자를 만든 당시의 원리와 체계는 아니었다.

15세기에 창제된 신문자 훈민정음은 그 제자원리가 문헌『훈민정음(해례본)』속에 명백하게 드러나 있다. 제자원리의 철학적 배경은 해례의 〈제자해〉에 반영되었다. 또한 『훈민정음(해례본)』곳곳에서 등장하는 중국의 성운학 용어들은 훈민정음이 중국의 음운 지식을 변형하여 만든 것임을 방증한다. 또한 훈민정음 자형 기원과 관련하여 중국 고전 기원설, 파스파 문자 기원설, 범자 기원설 등이 제기되고 있으나, 신문자 훈민정음을 만든 구체적인 제자원리는 다른 나라 문자 기원설이 아니었다.

세종은 다른 나라 문자를 역사적으로 공부하고 15세기 훈민정음 창제 당시에는 주변 문자를 살펴보기는 했을 것이다. 그러나 그것은 새로운 표기 수단을 만들기 위한 탐색이었을 뿐이었다. 세종의 언어학적 능력을 폄하했던 근대 초기의 서양인들은 훈민정음 창제와 관련하여 창호설을 제기하면서 신문자의 제자원리에 대한 무지를 드러내기도 했다. 근대 초기 서양인들이 조선을 낮잡아서 바라본 오리엔탈리즘(orientalism)의 소산이었다.

훈민정음의 제자원리에 대한 여러 논란은 억측 속에서『훈민정음(해례본)』원본이 1940년 발견되면서 종지부를 찍었다. 제자원리에 대한 실증적 근거가『훈민정음(해례본)』에 그대로 담겨 있었기 때문이다. 여기에는 15세기의 언어 현실에 주목하고 어문 정책의 일환으로 만들어진 신문자 제자원리의 세계를『훈민정음(해례본)』을 중심으로 살펴보고자 한다.

성리학, 훈민정음의 철학이 되다

중국에서 성리학은 고려시대에 도입되었다. 그러나 고려시대는 불교를 기반으로 하는 사회였기 때문에 성리학의 확산에 한계가 있었다. 그러나 조선은 불교 국가인 고려를 무너뜨리고 세운 국가로 국시는 유교였다. 그리고 작동 원리는 성리학에 기초한 이념이었다. 훈민정음 창제의 철학적 원리도 성리학의 역학이다. 이 이론은 우주의 모든 현상을 태극(太極), 음양(陰陽), 오행(五行) 등으로 설명하는 동양 고유의 철학이었다.

이러한 성리학적 이론에 따라서 훈민정음의 기본 초성자는 오행(五行), 오시(五時), 오음(五音), 오방(五方)과 결부된 오음(五音)이었다. 초성 기본자 'ㄱㄴㅁㅅㅇ'의 5음은 오성(五聲)이라고 부르기도 하는데 각각 아음(牙音), 설음(舌音), 순음(脣音), 치음(齒音), 후음(喉音)의 순서였다. 이것과 연관된 오행은 '목화토금수(木火土金水)'이며, 5음은 오행의 특성을 반영한 것이었다. 또한 5음은 시간과 연계하여 각각 '봄(春), 여름(夏), 늦여름(季夏), 가을(秋), 겨울(冬)'과 대응되었다. 또한 5음은 음악의 오음인 '각치궁상우(角徵宮商 羽)'에, 오방에 해당하는 '동(東), 남(南), 중앙(無定位), 서(西), 북(北)'에 각각 부합하는 것이었다.

오음 \ 갈래	어금닛소리 (아음)	혓소리 (설음)	입술소리 (순음)	잇소리 (치음)	목구멍소리 (후음)
자음	ㄱㅋ [ㆁ]	ㄴㄷㅌ [ㄹ]	ㅁㅂㅍ	ㅅㅈㅊ [ㅿ]	ㅇㆆㅎ
오음(음악)	각	치	궁	상	우
오행	나무	불	흙	쇠	물
오시(계절)	봄	여름	늦여름	가을	겨울
오방(방위)	동	남	중앙	서	북

훈민정음의 기본 중성자, 'ㆍㅡㅣ' 역시 음양오행과 방위지수(方位之數)와 연관된 것으로 삼재(三才)인 천지인(天地人)에서 비롯되었다. 'ㆍ'는 하늘에 해당하고, 시간으로는 '자시(子時)'이며, 하늘이 다섯째 흙(土)을 내는 자리(位)였다. 'ㅡ'는 땅에 해당하고, 시간으로는 '축시(丑時)'이며, 땅이 열 번째 흙(土)을 이루는 수(數)였다. 'ㅣ'는 사람에 해당하고, 시간으로는 '인시(寅時)'이며, 'ㅣ'는 홀로 자리(位)와 수(數)가 없는 것이었다. 나머지 8개의 중성자도 천지인과 음양에 따라서 자리(位)와 수에 결부되었다.

이렇듯 성리학의 역 철학에 바탕을 두고 자음 초성자와 모음 중성자는 그 역학적 지위를 부여 받았는데, 이러한 훈민정음 글자는 모두 우주나 인간의 모든 현상에서 벌어지는 보편적 원리에 바탕을 두고 있었다. 훈민정음은 세종이 창제한 신문자이다. 그러나 이미 우주의 질서 속에서 자리를 잡고 있었던 만물들과 그 섭리를 같이 하는 대상이기도 했다. 이러한 배경 속에서 훈민정음의 문자들은 철학적 의미를 담고 탄생하게 되었다.

중국 음운 지식의 원리를 변형하다

또한 훈민정음은 중국 성운학의 음운 의식을 계승하고 변형한 결과였다. 중국 성운학에 남다른 깊이가 있었던 세종은 중국어의 2분법적 음운 의식을 당시 조선어에 맞게 3분법으로 변형하였다. 중국의 음운 의식은 성모(聲母)와 운모(韻母)로 양분되는 음절 인식이었다. 중국인들은 초성에 해당하는 성모와 중성과 종성에 해당하는 운모로 인식하는 2분법적 음절 인식으로 한자음을 이해했다. 그에 따라서 중국 한자음은 성(聲)과 운(韻)이 중요한 요소였다.

세종은 이 음운 의식에서 탈피하여 운모의 중성과 종성을 나누어 당시 조선어의 음절을 초성+중성+종성으로 인식하는 체계를 고안했다. 소위 말하는 음절 인식의 3분법이다. 예컨대, '강(江)'이라는 음절의 '성모 'ㄱ'과 운모 'ㅑ'이라는 2분법의 음절 인식에서 'ㄱ+ㅏ+ㅇ'과 같이 운모에서 중성과 종성을 분리해 냄으로써 3분법의 음절 인식이 확립되었다. 그에 따라서 세종은 받침, 종성을 따로 설정하였고, 이것을 훈민정음 '예의'의 운용법과 〈종성해〉에서 그 쓰임을 규정하였다.

종성을 따로 분리했지만, 새롭게 만들지 않고 초성자를 다시 가져다 사용한 이 3분법은 중국과는 다른 독창적인 것이었다. 그에 따라 자연스럽게 초성+중성+종성을 한데 모아쓰는 방법으로 합자의 음절 형식을 완성했다. 훈민정음은 표음문자이자 음소문자이기 때문에 라틴문자와 마찬가지로 풀어쓰기를 할 수도 있었다. 그러나 종성이 따로 설정되면서 그에 알맞는 합자의 방식으로 음절이 구성된 것이다. 물론 이와 관련된 규정도 물론 『훈민정음(해례본)』 '예의'의 '부서법'과 '성음법'에 담겨 있다.

초성자 제자원리, 상형과 가획

훈민정음 창제 초기에 신문자 28자 중에서 초성자는 발음 기관 및 발음하는 모양을 본떠서 만들었다. 그 초성자들은 'ㄱ,ㄴ,ㅁ,ㅅ,ㅇ'에 해당한다. 이 자음자 5자를 우리는 훈민정음 제자의 기본자라고 부른다. 초성자의 경우 'ㄱ'은 혀뿌리가 목구멍을 닫는 모양, 'ㄴ'은 혀가 위 잇몸에 닿는 모양, 'ㅁ'은 입 모양, 'ㅅ'은 이 모양, 'ㅇ'은 목구멍 모양을 상형하였다. 그 외의 나머지 글자를 만들 때는 자음자의 경우에 기본 상형자를 바탕으로 획을 더하는 방식이었다. 기본자에 획을 더함에 따라 소리가 강해져서 어금닛소리(아음) 'ㅋ', 혓소리(설음) 'ㄷ, ㅌ', 입술소리(순음) 'ㅂ, ㅍ', 잇소리(치음) 'ㅈ, ㅊ', 목소리(후음) 'ㅎ,

ㆆ' 등 9자가 만들어졌다.

그밖에 이 상형과 가획의 원리에 따라 만든 글자가 아닌 'ㆁ,ㄹ,ㅿ'은 특별히 '이체자'라고 부른다. 훈민정음 창제 당시 신문자 28자 중에서 자음자는 기본자 5자, 가획자 9자, 이체자 3자를 포함한 모두 17자로 구성되었다. 이 중에서 'ㆁ(옛이응), ㅿ(반치음), ㆆ(여린히읗)' 세 글자 는 한국어의 역사적 변화에 따라서 오늘날에는 사용하지 않고 있다.

중성자의 제자원리, 상형과 결합

중성자는 하늘과 땅, 그리고 사람을 본떴다. 그에 따라서 중성의 기본자는 'ㆍ, ㅡ, ㅣ'가 되었다. 'ㆍ'는 하늘의 형상을, 'ㅡ'는 땅의 형상 을, 'ㅣ'는 사람의 형상을 상형한 것이었다. 특히 하늘의 형상을 본뜬 'ㆍ'의 경우 시각적으로는 점의 모양을 보이고 있으나, 실제로는 원(圓) 이 상형된 후에 추상화된 것이었다.

나머지 중성자가 만들어진 원리는 기본 상형자(ㆍ, ㅡ, ㅣ)를 서로 결합하는 규칙을 따랐다. 우선 기본 상형자를 서로 결합하여 'ㅗ, ㅏ, ㅜ, ㅓ'의 4자를 만들었다. 예컨대 'ㅗ'는 'ㆍ'와 'ㅡ'가 합해진 것이고, 'ㅏ'는 'ㅣ'와 'ㆍ'가 결합된 글자이다. 'ㅛ, ㅑ, ㅠ, ㅕ' 4글자는 'ㅗ, ㅏ, ㅜ, ㅓ'에 문자로는 'ㆍ'를 더해서 만들어진 글자지만, 소리로는 'ㅣ'가 선행하여 이루어진 것으로 보고 있다. 이 결합의 원리는 합성의 원리 라고 부르기도 한다.

상형원리		기본자
양성	하늘의 둥근 모양	ㆍ
음성	땅의 평평한 모양	ㅡ
중성	사람이 서 있는 모양	ㅣ

결합원리		
	초출자	재출자
양성	ㅗ ㅏ	ㅛ ㅑ
음성	ㅜ ㅓ	ㅠ ㅕ

음양의 원리를 따르면, 'ㆍ'가 위나 오른쪽에 결합하면 양성 모음자, 아래나 왼쪽에 결합되면 음성 모음자가 된다. 따라서 훈민정음 창제 당시 신문자 28자 중에서 모음자는 모두 11자로 구성되었다. 이 중에서 'ㆍ'는 한국어의 역사적 변화에 따라서 19세기 무렵부터 그 음가를 잃어가다가 결국 1933년 〈한글마춤법통일안〉이라는 어문규범이 만들

〈제자해〉의 일부

어지면서 역사 속으로 사라졌다.

신문자 28자 말고도 그 밖에 'ㄲ, ㄸ, ㅃ, ㅆ, ㅉ, ㆀ' 글자도 당시에 만들어졌다. 『훈민정음(해례본)』에서 이 글자들은 자음자 중에서 같은 글자를 나란히 써서 만든 글자라는 의미로 각자병서(各自並書)라고 불렀다. 당시에 이 각자병서 글자는 주로 한자음 표기에 사용되었으며, 현재 'ㄲ, ㄸ, ㅃ, ㅆ, ㅉ, ㆀ' 6자 중에서 'ㆀ'는 사용하지 않고 있다. 지금은 한국어 된소리 표기를 위해 5자만을 표기 문자로 사용하고 있다.

이상에서 살펴본 바와 같이 15세기 당시에 훈민정음이 만들어진 원리는 세 가지 원리로 정리될 수 있다. 그 첫 번째가 역 철학에 기반하여 음양오행 이론을 적용한 제자원리이다. 두 번째는 문자를 만드는 과정에서 중국의 성운학의 음절 인식을 변형하여 음절 구조를 3분법으로 체계화한 새로운 언어학적 접근이다. 세 번째는 발음기관 및 천지인 상형원리와 가획 및 결합의 제자원리이다. 초성 기본자는 상형의 원리에 의해 만들어졌으며 나머지 초성자들은 가획의 원리와 이체의 원리에 따라서 모두 17자가 탄생하였다. 중성자의 기본자 3자는 상형의 원리를 따랐다. 나머지 8자는 음양을 바탕으로 기본자가 서로 결합하는 방식에 따라 글자가 만들어지고 11자의 중성자가 완성되었다.

훈민정음은 제자의 기본 원리는 상형이었다. 중국 고전과 다른 나라의 문자를 참고했을 수는 있지만, 제자원리의 기본은 초성자는 발음기관을, 중성자의 경우는 천지인을 상형한 체계였다. 다시 말하면 훈민정음은 다른 나라의 문자를 모방했거나, 그것을 바탕으로 만들어진 문자는 아니다. 그러나 『훈민정음(해례본)』이 발견되기 전까지는 다양한 문자 창제 기원설이 제기되었다. 『훈민정음(해례본)』의 〈제자해〉에서 상형의 원리가 창제의 기본이자 핵심이었다는 사실이 밝혀지면서 신문자 창제의 업적은 오로지 세종의 몫이었고, 그는 훈민정음 창제의 진정한 주체였다.

5. 어떻게 쓰였을까?

우리말 표기를 위해 신문자 훈민정음은 창제되었다. 그러나 창제 직후 훈민정음의 쓰임을 보면 우리말 표기만을 위한 목적이 아니었음을 알 수 있다. 운서를 번역하는 과정에서 한자음을 표기하는 발음 기호의 기능도 수행했다. 또한 조선의 국가 통치 이념이었던 유교의 보급과 확산을 위해서, 불교 관련 경전을 번역하는 수단으로 훈민정음은 활용되었다. 이러한 훈민정음의 언해 기능도 한문 중심에서 벗어날 수 있는 기반을 마련한 것이었다. 그런 맥락에서 15세기 신문자의 역할과 그 사용은 다채로웠다고 할 수 있다.

『훈민정음(해례본)』의 <용자례>에 우리말을 품다

<용자례(用字例)>는 『훈민정음(해례본)』의 해례 중의 하나로 여섯 번째 장이다. 이 <용자례>는 훈민정음 초성자, 중성자, 종성자의 순서로 초성자 표기가 실현된 34개 어휘, 중성자 표기가 실현된 44개 어휘,

〈용자례〉

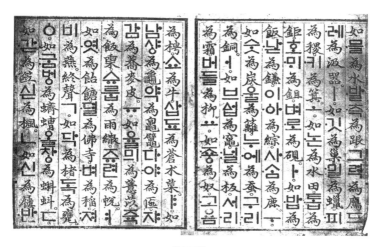

〈용자례〉

종성자에 표기가 실현된 16개 어휘를 제시한 어휘 목록이다. 당시 고유어 어휘 94개를 제시하고 있어 훈민정음이 실제로 어떻게 우리말에서 표기되었는지 명시적으로 보여주고 있다.

우리말 표기를 위해 〈용자례〉에 제시된 초성자 표기 어휘는 모두 34개이다. 아설순치후(牙舌脣齒喉)의 배열로 이루어진 초성 17자에 각각 두 단어씩을 배당하여 해당 어휘들을 보여주고 있다. 즉 아음에 해당하는 초성자인 ㄱ, ㅋ, ㆁ에서부터 후음에 해당하는 ㅎ, ㅇ에 이르기까지 각 초성자로 표기된 어휘를 제시했으며, 마지막으로 반설음과 반치음에 해당하는 어휘들을 나열하고 있다.

『훈민정음(해례본)』의 예의 부분과 다른 점이 있다면, 각자병서로 쓰인 ㄲ, ㄸ, ㅃ, ㅉ, ㅆ, ㆅ에 해당하는 전탁자와 후음의 'ㆆ'이 빠져 있다. 그 대신에 순경음 'ㅸ'이 순음 위치에 추가되면서 해당 어휘가 함께 제시되었다. 6자의 전탁자는 주로 한자음을 적는 데 사용되었기 때문에 우리말의 예로 들지 않은 것이다. 또한 'ㆆ'은 'ㅇ'과 우리말에서 통용할 수 있고 주로 한자음 표기에 사용되었기 때문에 빠진 것으로

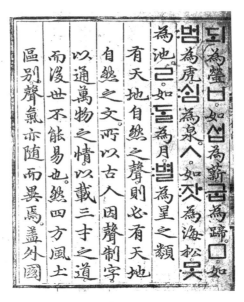

〈용자례〉

보인다. 순경음 중에서 '병' 하나만을 제시한 것을 보면, 당시 이 '병'만 이 고유어 표기에 쓰였다는 사실을 표기의 예에서 증명하고 있다.

위의 초성자 어휘의 배열과 순서는 기본적으로 『훈민정음(해례본)』의 예의의 순서를 따르고 있음을 알 수 있다. 그러나, 다른 한편으로는 고유어 어휘를 제시하였기 때문에 〈용자례〉 초성 17자 중에서 'ㆆ'을 빼고 그 대신에 '병'이 순음 계열에 추가되었음을 예를 통해 확인할 수 있다. 예의와의 일관성을 유지함과 동시에 〈용자례〉의 독자적 성격을 보여주는 것이다.

우리말 표기를 위해 〈용자례〉에 제시된 중성자 표기 어휘는 모두 44개이다. 중성 11자 각각에 네 단어씩을 배당하여 구성된 체계이다. 중성의 생성 원리에 입각한 배열이 확인된다. 먼저 삼재(三才) 기본자에 해당하는 중성자 'ㆍ', 'ㅡ', 'ㅣ'에 대응되는 어휘를 제시하고 있으며, 나머지 8자의 표기가 반영된 어휘들도 〈제자해〉의 중성자 생성 원리에 입각한 순서였다.

다만 〈용자례〉에서 〈중성해〉에 등장하는 2자합용(二字合用) 14자에 중에서 '동출합용(同出合用)'에 해당하는 글자 4자, ㅘ, ㆇ, ㅝ, ㆊ와 2자 상합합용자(相合合用字) 10자, 'ㆍㅣ, ㅢ, ㅚ, ㅐ, ㅟ, ㅔ, ㆉ, ㆈ, ㆌ, ㆋ', 그리고 마지막으로 '3자 합용의 4자인 3자 상합합용(相合合用) 4자, 'ㅙ, ㅙ, ㆋ, ㆋ' 로 쓰인 어휘는 밝히지 않았다. 이 글자들은 고유어 표기에 원칙적으로 사용되지 않았기 때문이다. 모음이기 때문에 이러한 중성 합용자들 중에는 고유어에서도 중성자 표기로 쓰일 수 있는 자모들이 있다. 그러나 초성자에서 전탁자로 쓰인 용자를 밝히지 않은 것과 마찬가지로 그 일관성을 위해 중성자의 용자(用字)를 11자로 제한하였다.

그런데 이 중성 용자들에 대응하는 어휘는 중성자에 4개의 단어를 배당했다. 초성자와 종성자 용자 어휘기 각각 두 단어씩임에 비추어 보면 그 수가 두 배이다. 그 이유에 대해서는 어디에도 밝힌 바가 없으나, 초성자 및 종성자가 표기에 반영된 어휘와 수적 균형을 유지하고자 했던 의도적인 배열로 보인다. 해당 중성자에 두 단어씩의 어휘만을 제시하게 되면 합쳐서 22개 어휘에 지나지 않기 때문이다.

마지막으로 〈용자례〉에 제시된 종성자 표기 어휘는 모두 16개이다. 종성 8자에 두 단어씩을 배당하여 이루어진 어휘 목록이다. 이 종성 8자에 대응하는 어휘는 오히려 〈종성해〉의 규정을 따라서 제시된 모습이었다. 'ㄱㆁㄷㄴㅂㅁㅅㄹ'의 8자만으로도 넉넉하게 쓸 수 있다'고 하는 종성 표기의 현실적 규정에 부합하는 종성자의 배열과 해당 어휘의 목록으로 볼 수 있다. 따라서 〈종성해〉의 팔종성가족용(八終聲可足用)의 표기 원칙이 〈용자례〉 고유어 표기에 반영되어 있음을 알 수 있다.

초중종성자의 용자로 쓰인 어휘의 목록에서 발견할 수 있는 공통점은 단어들이 모두 단음절이거나 혹은 2음절로 구성된 고유 어휘만으로 이루어져 있다는 사실이다. 이것은 〈용자례〉 어휘의 형태적 특징이라고도 말할 수 있다. 물론 당시에 3음절 이상의 고유어가 없었던 것은 아니었다. 그러나 〈용자례〉 전체 어휘 목록에서 단음절 어휘 54개, 2음절 어휘 40개만으로 구성되어 있다는 점은 〈용자례〉 어휘가 주로 쉬운 기본 어휘 중심이었다는 점을 방증한다.

또한 〈용자례〉 어휘의 목록을 자세히 살펴보면 그 내적 체계와 구조가 발견된다. 이것은 〈용자례〉가 제시하고 있는 초중종성 자모와 이에 대응하는 어휘, 그 의미를 한자로 풀이한 세 요소의 관계로 요약될 수 있다.

初聲 ㄱ 如:감爲柿 ·골爲蘆.

ㅋ 如우·케爲未春稻 콩爲大豆.

ㆁ 如러·울爲獺 서·에爲流澌.

中聲 · 如·툭爲頤 ·풋爲小豆 ㄷ리爲橋 ㄱ래爲楸.

ㅡ 如·믈爲水 ·발·측爲跟 그력爲雁 ㄷ·레爲汲器.

ㅣ 如·깃爲巢 :밀爲蠟 ·피爲稷 ·키爲箕

終聲 ㄱ 如닥爲楮 독爲甕

ㆁ 如:굼벙爲蠐螬 올창爲蝌蚪.

ㄷ 如·갇爲笠 싣爲楓.

위의 내용을 표로 정리하면 다음과 같다.

(1)	(2)	(3)
ㄱ	감	柿
	골	蘆
ㅋ	우케	未春稻
	콩	大豆
ㆁ	러울	獺
	서에	流澌

위와 같이 (1)자모, (2)표제어, (3) 의미(뜻풀이)의 형식으로 구성되어 있는데 이것은 대역 사전의 형식과 흡사하다고 볼 수 있다. 당시에 사용되는 수많은 단어를 모두 이 〈용자례〉에 제시한 것이 아니기 때문에 온전한 텍스트로서 사전이라고 말할 수는 없다. 그러나, 자모가 먼저 나오고, 그 다음에 그 자모에 해당하는 단어, 곧 표제어가 제시되고, 마지막으로 그 단어의 의미, 곧 뜻풀이를 한자로 보여주고 있다는 점에서 〈용자례〉는 어휘 목록 수준의 초기 대역 사전 형태라고 판단된다.

이 〈용자례〉에 제시된 단어들은 고유어 '명사'의 어휘만으로 구성되어 있다. 즉 동사나 형용사, 관형사나 부사 등의 다른 품사의 어휘는 단 하나도 제시되어 있지 않다. 또한 명사 어휘 중에서 한자어 어휘 역시 존재하지 않는다. 훈민정음 자모에 대응하는 어휘 목록이라면 한자어를 제시할 수도 있었을 것이다. 그러나 이 〈용자례〉 어휘가 고유어로만 구성될 수밖에 없는 이유는 초성자 17자 중에서 예의의 'ㆆ'을 빼고 그 대신에 'ㅸ'을 추가하여 그 어휘를 제시한 것으로도 충분히 파악된다. 고유어 표기를 위한 어휘 목록으로서 〈용자례〉였던 것이다. 이 어휘 목록을 작성한 편찬자들의 의도가 엿보이는 부분이다.

〈용자례〉의 어휘들은 모두 현대적 개념의 '기초 어휘'라고 보기는 어렵다. 제시된 94개의 전체 어휘는 '기본 어휘'의 성격을 띠고 있으며 그 중에 상당수가 '기초 어휘'에 해당한다. 따라서 〈용자례〉는 이것을 활용하는 당시 사용자들에게 대체로 평이하고 쉬운 단어를 제공한 어휘 목록이라고 할 수 있다. 또한 농업 중심 사회의 현실을 어휘 목록에 잘 반영하고 있어서 그 시대의 기본 어휘에 대한 추정이 가능하다.

한자어나 추상적인 개념어가 아니라 고유어가 〈용자례〉에 전면적으로 등장한 것은 훈민정음의 창제의 목적과도 부합한다. 따라서 〈용자례〉는 우리말을 표기하고 그에 해당하는 고유어 어휘를 보여줌으

써 신문자 창제의 본질적 목적에 어울리는 실용적인 언어 사용의 예로 평가할 수 있다. 훈민정음은 일차적으로 우리말 고유어 표기를 위해 탄생한 신문자이고 그 기능을 대표적으로 보여 주는 언어 사용의 사례가 〈용자례〉의 핵심이다.

훈민정음으로 한자음을 표기하다

고려시대 운서는 대체로 직수입된 중국의 운서들이었다. 당시 고려의 식자층이 과거 시험을 보고, 한시를 짓는 문학적 행위를 할 때 절대적으로 의존한 것은 중국에서 들어온 운서였다. 그러나 그 수요가 늘면서 중국의 운서를 고려에서 직접 복간(覆刊)을 하게 되었다. 지금으로 말하면 서양 원서에 대한 '복사판'이라고 할 수 있을 것이다.

조선 시대로 오면서 이러한 운서 편찬 경향은 여전히 지속될 수밖에 없었으나, 신문자의 창제는 새로운 운서의 편찬을 가능하게 했다. 한자음의 발음 표기 방식이 한자로 이루어져 있던 반절 표기 방식에서 벗어나게 된 것이다. 한자음을 표기하는 기능을 신문자인 훈민정음이 담당하게 되었기 때문에 훈민정음은 운서의 한자음을 표기하는 발음 기호의 역할을 하게 되었다.

그 당시 이상적인 교정 한자음 운서인 『동국정운(東國正韻)』과 같은 조선식 운서와 한어 발음 자전인 『홍무정운역훈(洪武正韻譯訓)』과 같은 중국식 운서의 한자음의 발음 표시는 훈민정음의 몫이었다. 표음문자로서 훈민정음이 고유어 표기를 넘어 한자음 발음 기호의 역할을 했던 것이다. 이러한 역할은 조선 후기의 운서 편찬에서도 일관되게 유지가 된 것이다. 훈민정음의 한자음 표기 기능은 일반 언중들의 문자 생활과는 거리가 있는 것이었다. 그러나 훈민정음이 '반절'이라는 명칭을 얻게 된 계기가 되었고, 식자층에게도 한자음 습득을 위해 훈

『홍무정운역훈』

민정음은 긴요한 도구였던 것이다. 한자음 표기를 위한 역할까지도 훈민정음이 담당한 결과였다.

조선 전기와 마찬가지로 조선 후기도 한자로부터 자유로울 수 없었다. 그것은 운서의 필요성과 맞닿아 있었으며, 여전히 전래의 운서가 제작되었다. 그러나 한편으로는 조선에서 더 이상 관념적인 운서에 집착할 수 없었다. 바로 조선 한자음의 실정에 맞는 운서의 필요성이 대두된 것이다. 그에 따라 조선 전기 훈민정음이 운서에서 한자음 발음 기호의 역할을 했듯이 조선 후기의 조선식 운서에서도 훈민정음은 그 역할을 담당했다.

박성원의 『화동정음(華東正音』(1747)은 그런 의미에서 아주 의미심장한 운서였다. 이 문헌은 고려 이래로 전래하는 『증보삼운통고(增補三韻通考)』에 중국 한자음에 해당하는 화음과 조선 한자음에 해당하는 동음을 병기한 것이다. 그 의의를 평가 받은 탓인지 1787년(정조 11년)에는 정조의 어제서를 얹어 내각에서 간행되기도 하여 그 권위를 인정받았다.

홍계희의『삼운성휘(三韻聲彙)』(1746)는『화동정음』과 마찬가지로『삼운통고』에 화음과 동음을 함께 표기했으나, 같은 운의 한자를 가나다식으로 배열하여 조선식 운서의 특징을 보인다는 점이다. 특히 권두의 〈언자도〉 28자는 주목할 만한 문자 배열이다. 여기에 'ㅿ, ㆁ'를 뺀 '初聲獨用六字'와 처음으로 등장한 '合中聲二字' 'ㅘ, ㅝ' 및 '重中聲一字' 'ㅣ'가 제시되어 있다. 합중성 'ㅘ, ㅝ'와 중중성 '딴이'는 그가 말한 대로 당시의 속용을 반영한 것으로 당시의 언문 반절표에도 등장하게 된다. 이러한 운서는 전통적인 중국식 운서와 차별되는 것으로 현실음을 반영한 조선식 운서로 그 의의를 지닌다.

이처럼 조선 후기에도 운서가 간행되어 한자음 표기에 훈민정음이 이용되었다. 식자층을 위한 운서가 그 이전 시대를 답습하는 것이 아니라 우리의 실정에 맞게 만들어졌다. 운서 안에서 한자음의 발음을 그 현실음을 바탕으로 훈민정음이 담당했다는 점에서 훈민정음 활용과 사용의 한 측면을 이해할 수 있겠다.

『삼운성휘』

이렇게 볼 때, 훈민정음은 바로 한자음을 전사하는 국제적인 발음 기호의 역할도 수행하고 있었던 것이다. 우리는 이러한 기능을 통해서 훈민정음이 보편적 표음성을 지닌 문자라는 점을 확인할 수 있다. 그 것은 곧 중국 한자음 표기에서 반절의 기능을 훈민정음이 이어받은 것으로 표음문자, 음소문자가 지닌 장점을 여실히 보여주고 있는 점이 라고 할 수 있다. 훈민정음을 이용하여 운서가 새로운 방식으로 편찬 된 것이다. 훈민정음의 이러한 기능은 당시 평범한 백성들의 문자 생 활는 거리가 있었으나, 훈민정음이 모든 계층에게 그 혜택을 안겨 주 는 문자였음을 입증하는 것이다.

훈민정음으로 조선의 통치 이념을 홍보하다

조선 초기에 전개된 훈민정음의 사용 양상은 내용적으로 보면 조선 왕조의 정당성 및 통치 이념이라고 할 수 있는 유교 가치관에 대한 전파와 밀접한 관련을 맺고 있다. 유교 중심의 국가였기 때문이며, 위정자의 입장에서 그에 대한 홍보는 필수적인 것이었다. 훈민정음은 그 홍보의 수단으로 역할한 것이다.

그에 따라서 국가에서는 악장이라는 새로운 장르를 만들었고, 그 첫 작업은 『용비어천가(龍飛御天歌)』(1445)로 귀결되었다. 용비어천 가는 조선 왕조 건국과 관련하여 태조의 고조인 목조부터 태종에 이르 는 여섯 대에서 이룬 업적에 대한 내용을 노래한 악장이다. 이 문헌은 125장에 이르는 것으로 한글 가사와 그에 해당하는 한시 및 한문 주석 으로 구성되어 있다. 조선 건국 및 왕조의 정당성을 합리화하려는 목 적으로 만들어진 것이다.

한문을 읽을 수 없었던 일반 백성들을 위하여 새로운 문자를 만들어 주고, 그 문자를 바탕으로 국가의 이념과 정체성을 알리려고 했던 것

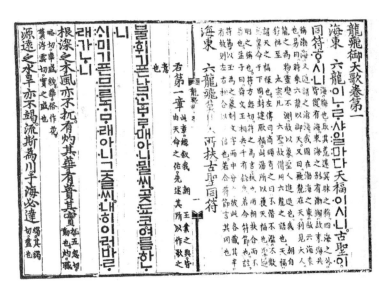

『용비어천가』

은 통치자가 실행한 고도의 정책적 결정이었다. 백성의 입장에서 보면 그들에게 주어진 문자를 통해서 조선 왕조의 정체성을 이해하고 확인하여 백성 스스로 공민의 지위를 인식하는 계기가 된 것이다. 어느 시대이든 한 시대의 어문 정책은 다양한 사회적 맥락에서 이데올로기적이다.

이러한 신문자의 활용은 조선 왕조의 정당성 홍보에만 머물지 않았다. 조선 왕조의 국시라고도 할 수 있는 유교 이념의 전파도 신문자를 통해서 실현하고자 했던 편찬자들의 의도가 있었다. 백성들을 위해서는 훈민정음이 유교 이데올로기를 전파하는 효율적인 수단이라고 판단한 것이다. 예컨대 『삼강행실도(三綱行實圖)』나 『내훈(內訓)』 등의 언해 간행이 대표적이다.

『삼강행실도』는 원래 세종의 명에 의해 설순 등이 1434(세종 16년)에 간행한 한문본이다. 이 문헌은 유교적 이념을 효자, 충신, 열녀들의

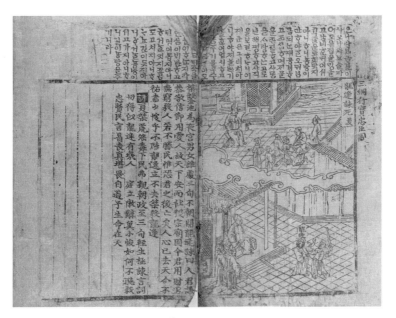

『삼강행실도』

뛰어난 행동의 예를 바탕으로 전하고자 엮은 책이다. 그러나 한문으로
된 이 문헌을 일반 백성이 읽고 이해할 순 없었다. 그것은 위정자의
입장에서 보면 안타까운 일이었다. 그리하여 우리말로 번역하는 사업
이 세종 및 세조 연간에 진행되고, 1481년(성종 12년)에 한문본을 언해
한 언해본『삼강행실도』가 출간되었다. 한문으로 된 문헌을 신문자로
번역하여 백성들이 쉽게 익히도록 한 것은 교화적, 계몽적 의도와 맞
닿아 있다고 볼 수 있다. 그러한 맥락은 한편으로 부녀자들의 교육에
필요하여『내훈』을 우리말로 번역한 것도 마찬가지였다고 볼 수 있다.

이러한 문헌들은 당시 위정자들이 백성들을 가르치고 계도할 목적
으로 간행된 언어정책적인 산물이었다. 그 문헌들에서 드러난 표기는
한글 가사이든 우리말 번역이든 대체로 국한문 혼용의 서사 방식을
지키고 있다는 점이다. 훈민정음을 통한 전면적 한글 표기가 아직 실
현되지 못한 시대적 현실이자 한계였다. 한자와 한문의 힘이 여전한

『내훈』

시대였기 때문이다.

　일반적으로 우리는 세종의 훈민정음 창제 정신을 한글 전용 정신이라고 알고 있다. 물론 세종은 궁극적으로 한글 전용의 이상을 꿈꿨을 것이다. 그러나 신문자 창제 초기의 문자 사용 양상은 어떤 방식이든지 한자와 신문자의 조화로운 병용일 수밖에 없었다. 그렇게 본다면 훈민정음이 우리 문자 생활에서 차지하는 역할은 이 당시에 한자를 무조건 대체하기 위한 것이 아니었다는 점이다. 이러한 표기 양상은 조선 시대 전체를 관통하는 것이었다.

　16세기도 유교라는 조선 시대의 지배적 이념에서 자유로울 수 없었다. 15세기와 마찬가지로 이 시대에도 유교의 이념을 전파하고자 중국의 『소학집성(小學集成)』을 바탕으로 1518년(중종 13년)에 그 언해가 이루어졌다. 『번역소학(飜譯小學)』이 그것이다. 이 책 발문에 의하면 '인쇄하고 널리 유포하여 아동이나 부녀자들에게도 그 내용을 깨닫게

하는 것이 가장 시급한 일이다'고 하였다. 그만큼 유교의 이념을 백성들에게 전파하고자 의도가 있었고 그에 따라서 전체적으로 의역을 하였다. 읽는 사람이 쉽게 이해할 수 있도록 하고자 함이었다. 그러나 이렇게 대중을 위한 의역이 비판을 받게 되고 1588년(선조 19년)에 간행된『소학언해(小學諺解)』에서는 직역을 원칙으로 번역이 이루어졌다.

이 두 문헌의 번역 양상에서 우리는 당시 훈민정음 사용의 두 측면을 보게 된다. 유교의 이념과 가치를 전파하고자 한다면 그 대상은 백성일 것이다. 그러나 하나는 그 백성의 눈높이에 맞추어 번역하면서 쉽게 이해시키려는 의도였고, 다른 하나는 보수적이고 전통적인 직역의 번역 방식을 고수하여 대중의 눈높이를 외면한 보수성이다. 이렇듯 훈민정음을 통한 유교 경전을 번역한 양상은 한 가지가 아니었다.

당시 16세기에도 한문을 버리고 신문자만을 고집하면서 그에 따른

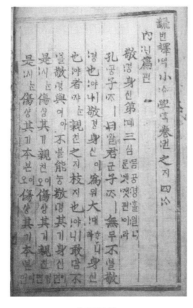

『번역소학』

『소학언해』

언해가 이루어진 것은 아니었다. 이 중세 시대에 한문의 권위는 쉽게 무너질 수 없었다. 그러나 당시에 이러한 훈민정음 사용을 통해서 자연스럽게 한문은 상대적으로 위축되기 시작하였다. 그렇다고 해서 전면적으로 한문이 폐기되고 신문자가 그 자리를 대신하는 방식이 실현되는 것은 불가능한 일이었다. 훈민정음은 한문 중심 사회의 이념을 전파하는 번역 도구의 역할을 수행하고 있었다.

훈민정음으로 불경을 번역하다

유교를 국시로 삼았던 조선 왕조이었으나, 전래하던 불교의 영향력에서 자유로울 수는 없었다. 자연스럽게 당시에 간행된 많은 불경들이 우리말로 번역되었다. 민중들 사이에서는 아직도 불교에 대한 열망이 식지 않았고, 심지어 왕실에서조차 불교에 대한 애착이 강했다. 이러한 과정에서 불경에 대한 번역을 위해 간경도감이라는 국가기관을 만들기도 하였다. 불경을 언해하는 작업은 이 시대의 또 다른 훈민정음의 사용 양상이라고 할 수 있다.

당시 불경 언해와 관련해서 우선 『석보상절(釋譜詳節)』을 주목하지 않을 수 없다. 이것은 세종이 소헌왕후의 죽음을 슬퍼하여, 그 명복을 빌고자 수양대군에게 명하여 엮은 석가의 일대기로서 1447년(세종 29년)에 완성된 것이다. 중국의 한문으로 된 것을 뽑아 엮은 것이지만, 한문을 그대로 번역한 직역이 아니라 쉽고 아름다운 우리말로 다시 쓴 것으로 평가받고 있다. 그리고 최초의 불경 번역이라는 점에서 의의를 가진다. 왕실을 위해 번역되었다는 점에서도 유교를 국시로 했던 조선 왕조의 이념과는 어긋나는 것이었다. 그러나 불교가 일반 백성들의 삶뿐만이 아니라 왕실에서도 여전히 위력을 발휘하고 있었다는 증거이기도 했다.

장르의 성격으로 볼 때 악장이긴 하지만, 내용상 부처의 공덕을 칭송한『월인천강지곡(月印千江之曲)』역시 주목할 만한 것이다. 세종이 직접 지은 것으로 추정되는 이 문헌은『석보상절』을 본 세종이 1447년(세종 29년)에서 1448년 사이에 간행한 것이다. 이 문헌을 통해서도 훈민정음 표기 사용의 또 다른 특징을 파악해 볼 수 있다.

이 책은 다른 문헌과 비교해 볼 때 문자 표기 면에서 특이한 예를 보여주고 있다. 이 당시 대부분의 문헌은 먼저 한자를 큰 글자로 앞세우고 그 다음에 그 한자의 한자음에 해당하는 것을 정음으로 작게 표기하는 방식이 일반적이었다. 그런데『월인천강지곡』은 그 반대의 표기 형태를 보여준다. 훈민정음으로 한자음을 큰 글자로 표기하고 그 다음에 작은

『석보상절』

글자로 한자를 표기했다. 훈민정음 표기를 우선한 문헌이다.

또한 당시의 현실적인 받침 규정이라고 이해되는 8종성법을 따르지 않고 명사나 용언의 원형을 밝혀 표기했다. 분철의 표기를 통해서 형태주의 표기법의 특징을 문헌 속에 반영한 것이다. 이것은 이 문헌이 세종이 직접 저술한 것임을 증명해 주는 특징으로『훈민정음』예의의 〈종성부용초성(終聲復用初聲)〉의 표기 원칙에 부합하고 있다고 볼 수 있다.

위의 두 책을 합쳐 간행된『월인석보(月印釋譜)』도 당시 문자 생활과 관련하여 관심을 끄는 문헌이다. 1459년(세조 5년)에 세조가 세종의『월인천강지곡』을 본문으로,『석보상절』을 설명 부분으로 하여 간행한 책이다. 편찬 동기는 그 서문에서 죽은 부모와 아들을 위하여

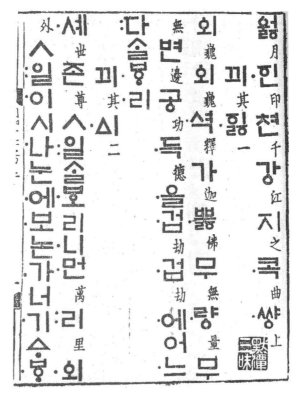

『월인천강지곡』

편찬하게 되었다고 밝힌 데서 찾을 수 있다. 한편 단종을 몰아내고 왕위를 찬탈하고 사육신 등을 죽인 후 겪은 정신적 고통과 회한에서 벗어나고자 간행된 것으로 추측하기도 한다.

이 책은 그 표기법이 『월인천강지곡』이나 『석보상절』과도 다르다. 우선 한자와 정음으로 표기된 한자음의 위치가 『월인천강지곡』과 뒤바뀌어 있다. 그리고 석보상절에서는 고유어로 표기된 것이 이 문헌에서는 한자어로 표기되어 있다는 점이 그 특징이다. 『석보상절』이 우리 말다운 의역의 면모를 보여주고 있다면, 『월인석보』는 상대적으로 직역에 가까운 번역이라는 평가를 내리기도 한다.

특히 이 문헌 권1의 앞부분에 『훈민정음(언해본)』이 실려 있어서 그 역사적 가치는 더욱 더 크다. 책 첫머리에 『훈민정음(언해본)』이 있다는 것은 『월인석보』를 읽기 전에 세종이 친히 만든 문자에 대한 대강의 예를 보인 『훈민정음(언해본)』 익히라는 의미였을 것이고 그

『월인석보』

런 의미에서도 문헌은 우리에게 시사하는 바가 크다.

이 밖에도 1461년(세조 7년)에 간경도감이 설치되어 『능엄경언해(楞嚴經諺解)』를 비롯한 많은 불경이 우리말로 번역되었다. 훈민정음 창제 후 성종대까지 약 50년간 40여종 200여 권의 번역서가 출간되었는데, 거의 한문의 번역이었고 15세기 훈민정음 사용과 관련된 중요한 언어 실천의 성과였다.

유교 국가인 조선의 왕실에서 번역 기관을 두면서까지 불경을 우리말로 번역했다는 사실은 대단히 역설적이다. 위정자들 역시 일반 백성들과 마찬가지로 그 개인의 내면적 속성은 고려 시대 불교에 대한 애착에서 벗어나지 못한 면이 있었다고 추측된다. 그러한 열망이 불경의 우리말 번역이었고, 이러한 번역은 신문자가 담당한 또 다른 메타 언어적 속성을 보여주는 것이었다.

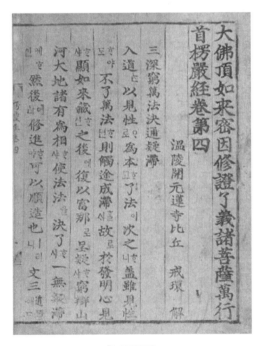

『능엄경언해』

과연 당시의 일반 백성들이 이러한 문헌들을 얼마나 접하고 이해했는지 소상한 내용은 알 길이 없다. 그러나 이미 15세기에서 16세기를 거치면서 훈민정음의 사용 양상은 식자층만을 위한 것이 아니었음을 알 수 있다. 신문자가 백성을 위한 것이었다면 백성들은 각종 문헌들을 접해볼 수 있었을 것이다. 그리고 백성이 이러한 문헌에 대한 전면적인 이해를 하지는 못했을지라도 훈민정음은 이미 왕실과 백성 모두를 위한 것이었다.

훈민정음, 탄압 받다

16세기 훈민정음 중심의 문자 사용은 그리 순탄치 않았다. 정치적으로 혼란스러웠던 1504년(연산군 10년)에 언문 투서 사건이 벌어졌다. 언문, 즉 훈민정음으로 쓰인 투서 내용은 연산군의 폭정을 비판하는 것으로 그 사실을 연산군이 알게 되면서 언문은 '언문금압(諺文禁壓)'이라는 이름으로 심각하게 탄압받게 되었다.

〈연산군일기〉에 따르면 "언문을 가르치고 배우지도 말며, 이미 배운 사람도 그것을 사용할 수 없다. 그리고 언문을 아는 사람을 고발케 하라. 사대부 집안에 소장하고 있는 언문과 구결로 된 책은 모두 불태우라"고 하였다. 이것은 중국의 분서갱유와 같은 가혹한 조치였으나 일시적이었다. 시간이 흘러가면서 역서와 제문 등을 언문으로 번역하라는 명을 내리기도 하고, 어전에서 써야 하는 말을 언문으로 번역하게 하는 등 여전히 궁중에서 훈민정음은 유통되고 있었다.

잠시 위의 사건으로 인해 백성들의 문자 생활은 잠시 위축되기도 했으나, 항간이나 궁중에서 언문은 여전히 사용되고 있었다. 그러나 언문투서 사건은 위정자의 입장에서 백성들이 글을 알고 쓰는 행위가 가져다 주는 두려움을 다시 깨닫는 사건이었을 것이다. 훈민정음이 지닌 이러한 효용성을 그 누구도 거스르지 못했다. 문제는 그 사용 양상이 얼마나 광범위했는가 하는 것이었지만, 그 효용성은 16세기 이후에도 여전히 지속되고 있었다.

훈민정음으로 한자와 외국어를 배우다

훈민정음이 창제되었다고 할지라도 한자의 권위가 급속히 추락한 건 아니었다. 양반들의 문자 생활에서 한자를 배우고 한문을 익힌다는 것은 당연한 것이었다. 그러나 한자를 배우고 한자음을 아는 과정은 이제 훈민정음의 도움 없이는 쉽지 않았다. 그러한 과정은 최세진의 『훈몽자회(訓蒙字會)』(1527)를 통해서도 짐작해 볼 수 있다.

이 문헌의 간행은 한자 교육과 당시 한자음과 관련해 하나의 신기원

『훈몽자회』

을 이룬 것이었다. 이 책은 『천자문(千字文)』이나 『유합(類合)』과 함께 당시 아동들에게 한자의 뜻과 음을 가르치는 교재의 성격을 지니는 것이었다. 목적이 한자를 가르치기 위한 책이었으나, 방법은 언문을 익혀야 가능했다. 그리하여 『훈몽자회(訓蒙字會)』 권두에 실린 〈범례〉와 '언문자모'는 이 책의 성격으로 볼 때 부수적인 내용이었다. 그러나 최세진이 〈범례〉에서 훈민정음을 먼저 익히고 그 다음에 한자를 배우라고 조언을 한 것은 우리에게 시사하는 바가 크다.

> "변방이나 시골 사람들이 언문을 이해하지 못하는 경우가 많아 언문자모를 함께 싣는다. 먼저 언문을 배우게 하고 그 다음에 한자를 배우면 깨우치고 이해하는 데 도움이 있을 것이다."

　이것은 당시 문자 생활에서 소위 언문이 가지는 중요한 기능을 말해준다. 한자의 음과 뜻을 익히기 위한 수단으로서 언문이었던 것이다. 그리하여 한자 교육의 수단이었던 언문의 '속소위반절이십칠자(俗所謂反切二十七字)'를 제시하였다. 여기서 '반절'의 의미는 한자음을 한자두 자로 익혔던 과거의 습속(양자 표음법식)에서 벗어나 그 기능을 훈민정음이 대신한다는 의미의 '반절'을 뜻하는 것이었다. 이미 15세기부터 그러한 방법이 있었으나, 한자와 조선 한자음 교육을 위한 표기방식은 16세기의 『훈몽자회(訓蒙字會)』가 처음이었다고 볼 수 있다.
　훈민정음 사용은 당시 외국어 학습과도 관련이 있었다. 중인의 신분이었던 역관들은 훈민정음을 가장 잘 활용한 계층이었다. 이들은 그들은 자신들과 같은 역관을 양성하고 외국어 교재를 간행하는 사역원에서 그 한자음의 차이를 대조하여 『노걸대(老乞大)』, 『박통사(朴通事)』와 같은 한어의 회화용 교재를 언해하고 번역했다. 몽어, 왜어, 청어를 번역하는 것도 마찬가지였다. 훈민정음이 외국어 교육의 중요

『노걸대언해』

『박통사언해』

한 수단으로 활용된 것이다.

　그들의 이러한 활동은 지금으로 말하면 통역사, 혹은 외국어 교육자의 임무였다. 그 과정에서 그들이 전개한 훈민정음의 활용은 현실적이었다. 중국의 현실음과 그 구어를 우리말로 번역한다는 것은 이 시대에 중국과의 외교적 관계에서 그들이 차지한 위치를 대변하는 것이었다. 그리고 보수적인 운서에 기반한 한자음뿐만이 아니라 외국어, 특히 중국어 교육을 위한 훈민정음의 사용이었다는 점은 훈민정음의 장점이 실현된 양상이었다. 당시로서는 특별한 것이었으나, 역관들에게 훈민정음은 필수불가결한 번역 도구였던 셈이다.

훈민정음으로 일상을 살다

　조선 시대에 쓰인 편지를 흔히 '간찰(簡札)'이라고 부른다. 특히 한글 편지는 '언간(諺簡)' 혹은 '내간(內簡)'으로도 불렸다. 한문에 대응하는

'언문(諺文)'이라는 문자로 이루어진 편지글이다. 언중이 직접 관여하는 문자 생활이라고 하면 당연히 일상 생활 속에서 이루어진 편지글일 것이다. 한글로 된 일기 따위가 조선 전기에는 남아 있는 것이 없다. 그렇다면 이러한 편지글 형식의 간찰은 언중들의 문자 생활과 그 사용 양상을 잘 보여주는 자료라고 아니할 수 없다. 16세기 간찰로 순천 김씨 간찰을 꼽을 수 있는데, 이것은 선조 초기의 것으로 추정된다.

이 간찰의 내용을 살펴보면 16세기 생활과 관련된 용어가 등장한다. 주로 부부, 모녀, 부녀, 남매 사이에 오고 간 글로서 살아있는 당시의 언어라 할 수 있겠다. 중세 국어 후기의 자료이기 때문에 기본적으로 연철이나 중철 표기 방식을 보여 주기도 한다. 현대적 의미에서 보면 실용문의 성격을 지니는 자료라고 볼 수 있다.

훈민정음이 창제된 후 100년 이상이 흐른 후, 개인 간의 간찰이 존재했다는 것은 이미 그 사이에 일반 백성들을 중심의 언중들 사이에서 훈민정음이 널리 보급되었다는 것을 증명하는 것이다. 그러나 간찰은 문헌이 아니어서 현재까지 전해오는 것이 많지 않다. 하지만 훈민정음으로 편지를 주고받는 문자 생활은 당시에 뿌리를 내리고 있었고,

〈순천김씨 간찰〉

백성들의 의사소통을 위해서 그 기능을 하고 있었음을 대변해 주는 것이다. 이렇게 훈민정음의 사용 양상은 대중적으로 확산되고 있었다.

조선 후기로 올수록 많은 언간들이 발견되었다. 그런데 언간의 발신 자와 수신자가 모두 남성이 아니라는 점이며, 한쪽은 여성이었다. 남성들 사이의 서간은 한문으로 이루어졌다는 것이다. 따라서 한문 서간 이 사대부 계층 이상 남성만의 전유물이었다면 언간은 특정 계층에 관계 없이 남녀 모두의 것이었다. 그래서 최근에 '내간'이라는 표현은 잘 사용하지 않는다. 또한 계층을 초월하여 조선의 왕들이 직접 쓴 편지글도 있다. 훈민정음은 일반 백성들만의 전유물은 아니었다.

편지글이 그러하듯이 그 내용은 사적인 것일 수밖에 없다. 조선 후기에 일상의 생활 감정을 전달할 수 있는 가장 보편적인 서사 형태 였다. 따라서 언간은 '언해' 중심의 번역투 우리글이 아니었다. 구어를 반영한 당대의 살아있는 언어 사용의 양상이었다. 당연히 훈민정음은 그 목적에 잘 부합하는 문자였다. 그런 점에서 조선 후기의 언간은 왕실부터 민중에 이르는 문자 생활의 모습을 가장 구체적으로 확인할 수 있는 소중한 자료이다.

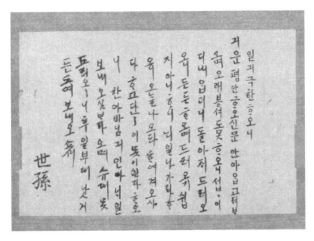

〈정조 어필〉

반절표로 훈민정음을 배우다

우리글을 읽고 쓰기 위한 훈민정음 습득과 관련된 문자 사용의 다른
흔적이 있었다. 그것이 바로 언문반절표이다. 이러한 반절표는 〈훈몽
자회〉 범례의 '언문자모'에 등장하는 '초중성합용작자례'에서 유래한
것이나, 지금 전하는 것으로는 일본 이리에(入江萬通) 등의 〈和韓唱和
集〉 권하에 수록된 일본통신사 장응두가 1719년(숙종 45년) 9월 일인
에게 써 주었다고 하는 조선 언문이 가장 오래된 것으로 알려져 있다.

그 뒤 비슷한 양식의 반절이 문헌에 종종 나타났다. 1869년에 간행
된 불서 「日用作法」에 기록된 언본(諺本)은 좀 다르다. 1889년에 간행
된 〈신간반절〉 1장도 이와 같은 종류이나, 신간 이전의 구판이 따로
있어 그 연대는 그 이전으로 소급될 수도 있다. 이것들은 초보자들의
문자 학습을 교육적으로 도와주기 위해 고안한 실례이다. 이것을 누구
나 직접 간직하고 다니면서 훈민정음을 익히고 배운 것이다.

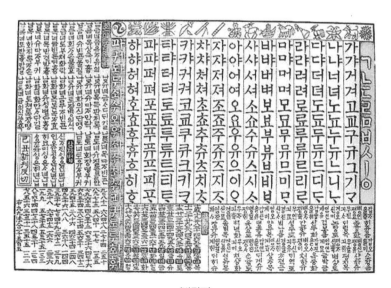

〈반절표〉

경우에 따라 반절의 행마다 글자의 자습을 위해 한자가 적혀 있고, 한자 대신에 그림을 그려 놓아 그 익힘이 쉽도록 한 것이 흥미롭다. 가령, 반절표에서 볼 수 있듯이 반절은 그림 '개'를 보고 '갸'행을, '나비'를 보고 '냐'행을 익히도록 한 것과 같다. 조선 후기 이후에 이러한 반절표는 아주 많이 발견되었다. 따라서 당시 문자 생활에서 이 반절표는 보편적으로 확산되어 있었고 훈민정음을 배우는 데 유용한 문자 교육의 도구였을 것으로 짐작된다. 심지어 근대계몽기와 식민지 시대까지 유통되기도 하였다.

6. 훈민정음, 이렇게 발견되었다

앞에서 살펴본 바와 같이 〈육당문고본〉처럼 『훈민정음(언해본)』은 조선후기에도 간행되었다. 그러나 조선후기에 수많은 학자들의 문헌에서 『훈민정음(해례본)』에 대한 언급은 등장하지 않는다. 우리 것을 강조하던 이 실학 시대에 『훈민정음(해례본)』은 세상에 드러나지 않고 있었던 것이다. 학자들의 문집에서 논설 등을 통해 신문자 훈민정음에 대한 기사와 단편적인 언급은 넘쳤지만, 『훈민정음(해례본)』의 실체에 대해서는 알려진 바가 없었다.

조선후기에 훈민정음 창제와 관련하여 다른 나라 문자 기원설이 등장하기도 했고, 심지어 서양 외국인들은 훈민정음의 창호설까지 제기된 양상이었다. 『훈민정음(해례본)』을 본 사람이 없었기 때문이다. 심지어 근대 계몽기가 도래하면서 주시경 등 훈민정음에 대한 관심이 많았던 지식인들조차 『훈민정음(해례본)』을 보지 못했던 것 같다. 그들이 『훈민정음(해례본)』과 관련하여 의지한 것은 〈세종실록〉 등의 기사였을 것으로 추정된다. 어제서문, 예의, 정인지의 서문은 실록에 기록으로 남아 있었기 때문이다.

그런 상황에서『훈민정음(해례본)』은 식민지 시대가 저물어 갈 무렵인 1940년에 홀연히 세상에 등장했다. 여러 학자들의 갈망과 소원이 이루어진 것이었을까? 경상북도 안동의 한 고가에서 발견되었다. 우리 문화재가 일본으로 유출되는 것을 안타깝게 여긴 간송 전형필은『훈민정음(해례본)』을 고가에 매입하여 현재 성북구 간송미술관에 소장되어 있다. 다음은 그 발견 경위를 밝힌 글의 일부이다.

原本 訓民正音의 保存 經緯에 대하여

이 原本 訓民正音이 全鎣弼님 手中에 넘어 갈 때까지의 保存 經緯를 밝히고자 합니다. (중략) 事實은 慶北 安東郡 臥龍面 周下洞 李漢杰님 宅의 家寶였습니다. 이 어른은 號 後村(西紀 1880~1950) 本貫 眞城 退溪의 宗派이며 일찍 先祖께서 女眞征伐의 功이 있어 世宗大王으로부터 賞을 받아(단 한卷) 늘 궤中에 감추어 世傳家寶로 남겨 오다가 燕山君 때 諺文冊 所持者를 嚴罰할 때 生命을 유지하기 위하여 不得已 첫 머리 두 장을 뜯어 버리고 돌돌 말아서 書笈에 秘藏했던 것입니다. (중략) 三男 되는 李容準님은 서울 經學院(成大 前身)에서 공부하였는데, 當時 成大 助敎授 金某의 가장 寵愛하는 弟子였습니다. 그 當時 全鎣弼님은 家産이 넉넉하여 金某를 시켜서 貴重한 책이면 값의 高下를 不問하고 모조리 사들이게 하였습니다. 이 때 李容準님은 그의 가장 尊敬하는 스승 金某에게 師事하는 가운데 自己 故鄕 安東에 訓民正音이라는 책이 있다는 것을 이야기하자, 金某는 곧 全鎣弼님으로부터 많은 돈을 얻어 가지고 당장에 안동으로 내려와서 現物을 보게 되었습니다. 그런데 原本 訓民正音의 現品은 意外에도 表紙부터 첫 머리 두 장이 毁損되어 없어졌으므로 不得已 世宗實錄 本에 原本을 記憶해가면서 漢紙를 끊어

써 넣어 깁기로 하였읍니다. (중략) 後村先生은 所願을 承諾하고 同時에 五百餘年 傳해오던 國寶 原本 訓民正音은 金某 手中으로(結局 全鎣弼 님) 永渡ㅎ게 되었읍니다. 이에 金某는 서슴지 않고 一金 三千圓을(1940 년) 謝禮金으로 冊主 後村先生에게 치르게 되었읍니다. 金某는 結局 이 책을 所願대로 購入하여 還京하여 全鎣弼님에게 전해 주고 이 소문 을 만나는 사람마다 하게 되어 當時 朝鮮語學會 會員을 비롯하여 이 책에 關心을 가진 이는 그 책을 보고 싶었던 것은 말할 것도 없었읍니다. (하략) (鄭喆, 筆者는 一般會員·慶北 安東 高校 敎師)

『훈민정음(해례본)』 원본의 발견과 함께 이 문헌은 자연스럽게 우리말로 번역되었다. 대중적 관심이 지대했고, 역사적 발견이었기 때문에 『훈민정음(해례본)』은 5회에 걸쳐 1940년 7월 30일부터 8월4일에 걸쳐 조선일보에 방종현의 이름으로 연재되었다. "원본 훈민정음의 발견"이라는 제목으로 『훈민정음(해례본)』이 현대 우리말로는 최초로 번역된 것이다.

이 『훈민정음(해례본)』은 해방 후에 영인되어 여러 학자들에 의해 다양하게 우리말로 번역되었다. 그러나 그 시초는 위의 기사에서 보는

〈조선일보〉 기사

바와 같이 방종현의 번역이다. 다만 그는 다음과 같이 첨언함으로써 이 번역이 자신만의 힘으로만 완성되지 않았음을 1940년 7월 30일 기사에서 밝히고 있다.

이제 먼저 그原文의 飜譯을 실고 뒤를 이어 거기 對한 註解 乃至 우리 두사람의 研究를 發表하겠다. 단지 이책을 入手한지 겨오 旬日을 넘지 못하여 그 譯文이 아직 未定稿도 잇는것을 諒解하기 바란다. (여기 對한 一切의 發表는 兩人中 누구의 이름으로 되든지 共同勞作임을 付記하여 둔다) (밑줄은 필자)

그러나 방종현은 나중에 그의 책 『原本解釋 訓民正音』(京城: 震學出版協會, 1946.7.10.)의 지서에서 다음과 같이 인급하고 있다. 사서에서 "그 발표자의 명의는 비록 내 이름으로 되어 있으나, 이것을 실제로 번역한 이는 홍기문이다"라고 분명히 언급하고 있다고 하였다.

譯者의 말
이글은 벌서 五年前인 庚辰年 七月 三十日로 부터 八月 四日 까지 五回로 分하야 朝鮮日報에 揭載 되었던 것이다. 그 發表者의 名義는 비록 내 이름으로 되었으나 이것을 實際로 飜譯한 이는 洪起文 이다. (밑줄은 필자)

방종현의 언급을 통해서 알 수 있는 것은 『훈민정음(해례본)』이 최소한 홍기문 단독으로 이루어졌거나, 방종현의 인품에 비추어 볼 때, 그와의 협업이라고 볼 수밖에 없을 것이다. 그런데 어려서부터 한문 수학을 통해서 번역의 실증성에 충실했던 홍기문의 한문 번역의 능력을 고려해 볼 때 그가 『훈민정음(해례본)』을 번역하는 것은 그리 어려운 일이 아니었을 것이다. 그러나 당시에 홍기문은 조선일보 학예부장을 맡고 있어서 방종현 명의로 『훈민정음(해례본)』 번역의 기사를 내고 그 과정을 주도했을 것으로 판단된다. 그렇다면 위에서 방종현이 언급한 두 내용에 의거하여 『훈민정음(해례본)』은 홍기문 단독 번역이라고 보는 것이 대체로 맞다.

이 원본이 발견됨으로써 훈민정음 창제와 관련된 신문자 기원과 제자 원리 등을 비롯한 많은 비밀들이 풀렸다. 다만 번역의 범위가 〈제자해〉에서 〈용자례〉에 국한되어 예의와 정인지 후서는 번역에서 빠진 것이었다. 조선일보 기사에서 보는 바와 같이 '그 譯文이 아직 未定稿'라는 표현은 예의와 정인지 후서에 대한 번역이 이루어지지 않았다는 것을 의미한다. 『훈민정음(언해본)』이 이미 있었기 때문에 예의는 번역의 필요성을 느끼지 못했던 것으로 추정되며, 〈세종실록〉에 어제서문, 예의, 정인서 후서가 전재되어 있었기에 그 부분의 번역은 이미 이루어진 시점이었다.

방종현의 『원본해석(原本解釋 訓民正音)』에는 예의만을 빼고 『훈민정음(해례본)』 번역이 전재되었으며, 그 내용은 일부 철자의 수정을 빼고는 1940년 〈조선일보〉 연재 기사본과 거의 동일하다. 다만 1940년에 '未定稿'로 남겨 둔 예의와 정인지 후서 중에서 후자는 방종현의 책에서 새롭게 번역되어 실려 있다. 그 반면에 홍기문이 저술한 『정음발달사(正音發達史)』(1946.8.30.)에서는 어제서문을 포함한 예의의 현대 번역, 해례 전체, 그리고 정인지 후서까지 모든 번역이 이루어졌다. 따라서 『정음발달사(正音發達史)』의 번역은 『훈민정음(해례본)』 현대 번역의 최초 완역이다.

이렇게 훈민정음은 세상에 빛을 보고 또 우리말로 번역이 되었다. 근대 이후 수많은 국어학자, 한글학자들이 보지 못했던 원본 훈민정음의 발견은 그 자체만으로도 뜻깊은 일이었다. 그에 덧붙여 당시 한문에 조예가 깊었던 두 연구자인 홍기문, 방종현에 의해 우리말로 번역된 것은 실로 어학사에서 역사적인 일로 평가할 수 있다. 이를 통해 후대의 여러 연구자들은 훈민정음에 대해 천착하기 시작했고, 관심 있는 대중들은 고전의 진면목을 소상하게 알게 되었다.

Ⅲ. 훈민정음에서 한글로

1. 훈민정음, 국문이 되다

국문 시대의 개막

한글은 1894년 갑오경장 이전에 공식적으로 '국문'이 아니었다. 조선시대는 한자 중심의 언어생활이 지배하던 시대였다. 그러나 그러한 언어생활 곳곳에서 그 균열의 조짐이 보이기 시작했다. 실학 시대를 경험하면서 조선시대는 실사구시의 철학이 곳곳에 스며들었고, 훈민정음에 대한 관심도 증대되었다. 그리고 머지 많아 한자 대신에 훈민정음이 조선의 공식 문자가 될 것임을 예견하고 있었다.

최근에 언문과 과문은 도처에서 신장하는 데 반해 고자, 고문은 도처에서 점차 위축되고 있다. 동방의 한 지역을 두고 매일 그 **소장의 형세를**

---

* Ⅲ장의 일부는 필자가 국립한글박물관 편, 「한글이 걸어온 길」(2015) 도록에서 집필한 내용을 대폭 수정하여 다시 정리한 것이다.

관찰해 보건대 오래지 않아 언문이 이 지역 내에서 공행문자가 될 것 같다. 지금 더러 언문 소본이라는 것이 있는데 졸지에 쓰기 어려운 공리 문자의 겨우 간간이 언문으로써 급한 형편에 대처하는 수가 없지 않다고 한다, 이것이 그 조짐이다.(諺文科文到處倍箴 古字古文到處漸縮 如持 東方一域而日 觀於其消長之勢則不久似以諺文爲其域內公行文字 卽今 域有諺文疏本者云若公移文字難書倉卒者不無副急間間用諺文者 此其 兆矣...) -이규상의 〈세계설〉 중에서

위 글의 저자는 한문에서 언문(한글)으로 문자의 지배적인 위치가 조만간 뒤바뀔 것으로 예측하고 있었다. 그런 예상은 얼마 가지 않아 현실이 되었다. 이미 조선 전체에 싹튼 근대 의식과 함께 '언문'은 1894 년에 '국문'의 지위를 획득하였다. 훈민정음 창제 이후 450여년 만에 그 지위가 격상되고 '한글'로 다시 태어났다. 이제 어문 생활은 한자가 아니라 한글을 중심으로 전환되기 시작했다. 또한 국문 및 한글학자들 은 국문의 우수성과 그 필요성을 강조하기 시작했다. 그러나 한글은 근대계몽기의 역사적 상황 속에서 시련을 맞기도 하였다. 그럼에도 불구하고 국문과 한글 시대는 우리의 생활 속에서 자리를 잡아갔다.

조선은 갑오경장이라는 근대적 대개혁을 단행하였다. 1894년 칙령 제1호 공문식 14조에 "법령, 칙령 등은 모두 국문으로 본을 삼고 한역 을 붙이고 혹은 국한문을 혼용함"으로 규정하였다. 한글이 공식적으로 '국문'으로 탄생하게 되었고, 이 칙령은 당시 문자 생활에서 많은 부분 변화를 기대할 수 있는 조치였다.

그런데 이 칙령 제14조에는 국문을 본으로 하되 한문 번역 또는 국한문을 덧붙인다는 과도기적인 규정이 있었다. 그러나 이러한 최초 의 결정은 점차 앞뒤가 바뀌게 되었다. 본으로 삼는다던 국문보다 과 도적인 국한문이 당시에 대세를 이루게 된 것이다. 그 이전 시대의

문자 생활에서 완전히 벗어날 수 없었던 시대적 한계였다.

한글이 국문의 지위를 얻으면서 그 위상은 달라졌다. 그러한 변화와 함께 근대적 국문관이 확산되기 시작하였다. 국문은 공문서에서 한문, 국한문과 함께 사용되었고 교과서 등은 국한문으로 편찬되기 시작했다. 한편 국문 사용에 관한 규칙은 1895년 개교한 한성사범학교 교칙에 반영되어 실제 교육 현장에서 그 실천이 이루어지기도 하였다

이 시대의 이상적인 요청은 언문일치였고, 국어의 근대적 지향이었다. 그러나 이러한 문자 생활은 정부 정책이나 언중들의 일상 속에 온전히 반영되지는 못했다. 그 방향은 국한문혼용이라는 과도기적 문자 생활이 지배적이었다. 근대적 사회 변화에 부응하지 못한 대응이었고 그러한 양상은 곳곳에서 드러났다. 전통적인 한자 중심의 언어생활에서 한글 중심의 언어생활로 전환하는 일은 시간이 필요했다. 현실은 국한문 중심의 언어·문자 생활이 대세였다. 한글이 국문이 되는 과정에서 국한문체가 그 역할을 할 수밖에 없는 시대적 특수성을 무시할 수는 없었다. 한문 중심에서 한글 중심으로 이행하는 과정에서 국한문 표기는 그 시대의 현실을 반영하는 표기였을 것이다.

그러나 더 개화에 적극적이었던 지식인들은 '국문의 중요성 혹은 필요성'을 역설하였다. 1896년 4월에 창간된 〈독립신문〉은 독자적으로 국한문혼용을 벗어나 한자 폐지와 국문전용을 주장하고 실천하였다. 당시로서는 상상하기 어려운 글쓰기 방식이었다. 다음은 〈독립신문〉 창간호 서재필 논설이다.

> 우리 신문이 한문은 아니 쓰고 다만 국문토로만 쓰는 거슨 상하귀쳔
> 이 다 보게 홈이라 쪼 국문을 이러케 귀졀을 쎄여 쓴즉 아모라도 이
> 신문 보기가 쉽고 신문 속에 잇는 말을 자셰이 알어 보게 홈이라 각국에
> 셔는 사름들이 남녀 무론ㅎ고 본국 국문을 몬저 빅화 능통ㅎ 후에야

외국 글을 비오는 법인딕 죠션셔는 죠션 국문은 아니 비오드리도 한문만

공부ᄒᆞᄂᆞᆫ 까ᄃᆞᆰ에 국문을 잘 아는 사름리 드물미라 죠션 국문ᄒᆞ고 한문ᄒᆞ

고 비교ᄒᆞ여 보면 죠션국문이 한문보다 얼마가 나흔 거시 무어신고 ᄒᆞ니

첫ᄌᆞᄂᆞᆫ 비ᄒᆞ기가 쉬흔이 됴흔 글이요 둘지ᄂᆞᆫ 이 글이 죠션글이니 죠션

인민들이 알어셔 빅ᄉᆞ을 한문 딕신 국문으로 써야 샹하 귀쳔이 모도

〈독립신문〉

보고 알어 보기가 쉬흘 터이라 한문만 늘 써 버릇ㅎ고 국문은 폐흔 까둙에 국문만 쓴 글을 조선 인민이 도로혀 잘 아러보지 못ㅎ고 한문을 잘 알아보니 그게 엇지 한심치 아니ㅎ리요.(서재필, "논설" 「독닙신문」 뎨일호, (1896)).

독립신문의 이러한 입장은 그 발행을 주도한 인물들의 국문관이었다. 서재필과 주시경이 그러한 의식을 공유하고 있었다. 위의 논설에서는 '언문'에서 '국문'으로 그 위상이 격상된 '한글'을 당시 '상하귀천'을 뛰어넘어 조선 국민 모두의 문자로 이해하고 배워야 함을 강조했다. 당시 조선의 '인민'들을 위해 우리 한글이 한문보다 우수하다는 점, 한글 학습의 용이성과 중요성도 덧붙였다. 이제 이러한 신문을 특정한 계층만이 누리는 매체로 보지 않고 전 국민이 읽을 수 있도록 한글전용을 단행한 것이다. 신문으로는 처음으로 최초의 띄어쓰기를 보여주었고, 이 당시에 〈독립신문〉의 한글 중심 문자관은 혁명적인 국문 의식이었다.

이 시기에 한글학자이기도 했던 지석영도 그의 〈국문론〉에서 우리가 국문을 가지고 있으면서도 그것을 귀중하게 여기지 않고 제대로 쓰지 못하는 현실을 한탄하였다. 이러한 지석영의 주장 역시 아직 제 나라 문자에 대하여 그 가치를 알지 못하는 많은 사람들에게 '한글'의 가치를 일깨워 주고자 했던 계몽적 성격을 띠고

또 국문을 아러케 귀졀을 떼여 쓴죽 아모라도 이 신문 보기가 쉽고 신문속에 잇눈말을 자셰이 알어 보게 홈이라

또 국문을 알아 보기가 어려운건 다름이 아니라 첫지눈 말마디을 떼이지 아니ㅎ고 그져 줄줄 뇌려 쓰눈 세둙에 글즈가 우희 부터눈지 아리 부터눈지 몰나셔 멧번 일거 본후에야 글즈가 어디 부터눈지 비로소 알고 국문으로 쓴것 쓴편지 호쟝을 보자ㅎ면 한문으로 쓴 보다 더듸 보고 또 그나마 국문을 아니 쓴눈고로 국문쓰눈 것을 자조

있는 논설이었다. 이러한 논설 중의 백미는 주시경의 글쓰기였다. 아래에 등장하는 필자 '쥬상호'는 주시경이 다른 이름이다.

> 사름들 샤는 짜덩이 우희 다섯 큰 부쥬 안에 잇는 나라들이 졔 각금 본토 말들이 잇고 졔 각금 본국 글즈들이 잇서서 각기 말과 일을 긔록ᄒ고 혹간 말과 글즈가 남의 나른와 ᄀᆞᆺ흔 나라도 잇는 그즁에 말ᄒ는 음ᄃᆡ로 일을 긔록ᄒ야 표ᄒ는 글즈도 잇고 무슴 말은 무슴 표라고 그려 놋는 글즈도 잇는지라 글즈라 ᄒ는거슨 단지 말과 일을 표 ᄒᄌᆞ는 거시라 말을 말노 표ᄒᄂᆞ 것은 다시 말 ᄒ쟐 거시 업거니와 일을 표ᄒ즈면 그 일의 ᄉ연을 자셰히 말노 이약이를 ᄒ여야 될지라 그 이약이를 긔록ᄒ면 곳 말이나 이런 고로 말 ᄒᄂᆞ 거슬 표로 모하 긔록ᄒ여 놋는 거시나 표로 모하 긔록 ᄒ여 노흔 것슬 입으로 닑는 거시나 말에 마듸와 토가 분명ᄒ고 서로 음이 쪽ᄀᆞᆺᄒ야 이거시 참 글즈요 무슴 말은 무슴 표라고 그려 놋는 거슨 그 표에 움작이는 토나 형용 ᄒᄂᆞ 토나 쏘 다른 여러 가지 토들이 업고 쏘 음이 말ᄒᄂᆞ 것과 ᄀᆞᆺ지 못 ᄒ니 이거슨 쏙 그림이라고 일홈 ᄒ여야 올코 글즈라 ᄒ는거슨 아죠 아니 될 말이라(쥬상호, "국문론" 「독닙신문」2-47, (1897))

그는 자신이 쓴 위와 같은 '국문론'에서 처음으로 한글에 대한 자신의 언어관을 피력했다. 언어와 문자의 개별성을 언급한 후 '말하는 음대로 일을 기록하여 표하는 글자'와 '무슨 말은 무슨 표라고 그려 놓는 글자'로 구분하였다. 한글이 '참글자'이며 한자는 '그림'이라고 이름해야 하고 글자라고 볼 수 없다고 하였다. 한글이 한자보다 더 탁월한 문자라는 점을 자신 있게 강조하고 당시 조선 인민들에게 천명하였다.

이봉운도 그의 저서 『국문정리(國文正理)』 서문을 통해서 우리 문자, 우리 글에 대한 이치를 알고 그것을 숭상해야 한다는 점을 강조하였다. 특히 남의 나라 글을 숭상하고 있는 것에 대하여 성찰을 촉구하기도 했다. 그 역시 한글 전용의 문장으로 자신의 국문 의식을 드러냈다. 그러나 당시에는 다음과 같이 '국한문병용론'을 주장하는 이광수 같은 학자들도 있었다. 물론 그들의 지향도 한문에 토를 다는 현토식의 전통적인 국한문에서 벗어나려는 노력을 하고 있었다.

余의 마음딕로 홀진딘 純國文으로만 쓰고 십흐며, 또 흐면 될쥴 알되, 다만 其甚히 困難훌쥴을 아름으로 主張키 不能흐며...이 찍에 解키 어렵게 純國文으로만 쓰고 보면 新知識의 輸入에 沮害가 되깃슴으로...只今 余가 主張흐눈바 文體눈 亦是 國漢文併用이라...固有名詞나 漢文에서 온 名詞, 形容詞, 動詞 등 國文으로 쓰지 못흔것만 아직 漢文으로 쓰고 그 밧근 모다 國文으로 흐쟈 흠이라...事勢가 이러흐니 맛은 업스니 먹기는 먹어야 살지 아니흐깃눈가(이광수, "今日 我韓用文에 對흐야', 「황성신문(皇城新聞)」(1910)

그는 전통적인 현토식 국한문혼용보다는 신지식에 따라 수입된 한자어 신어를 이해하기 위해 불가피하게 한문으로 쓸 수밖에 없는 것을 제외하고는 국문을 쓰자는 주장을 펼쳤다. 국한문혼용을 바탕으로 언문일치를 지향하는 것이었고, 전통적인 문체로부터 벗어나고자 했던 지식인의 노력이었다. 표기법의 이상과 현실 사이에서 번민하고 있는 지식인의 국문관을 확인할 수 있다.

국문의 위기와 시련

갑오경장을 전후로 전개된 국문 의식은 아직 자주 독립과 애국이라는 어문민족주의적 경향을 적극적으로 드러내고 있지 않았다. 한글이라는 우리 문자를 공식적으로 국문의 위치로 올려놓기 위한 노력과 실천이 당시 지식인들의 계몽적 시각 안에서 구현된 양상이었다. 국문 중심의 국어 의식이 우리의 삶에서 점차 적극적으로 자리를 잡아가는 시기였다.

근대로 가는 과정에서 국문 표기에 대한 이상이 드러나기도 했지만, 다른 한편으로 이 시대는 국문과 한문이 갈등하는 과도기이기도 했다. 그러나 근대계몽기 후기로 오면서 우리말과 글은 내부로부터가 아니라 밖으로부터 위협을 받고 있었다. 어렵게 정착해 가던 국문 시대의 시련이었다. 주시경은 누구보다도 그 현실을 직시하고 있었다.

> 대져 글은 두가지가 잇스니 ᄒ나흔 영상을 표ᄒ는 글이오 ᄒ나흔 말을 표ᄒ는 글이라 대개로만 말ᄒ면 형상을 표ᄒ는 글은 녯적 덜 열닌 시ᄃ에 쓰던 글이오 말을 표ᄒᄂ 글은 근ᄅ열닌 시ᄃ에 쓰는 글이라 …중략… ᄯᅩ 이디구상 륙디가 텬연으로 구획되여 그 구역안에 사는 ᄒ 셜기 인죵이 그 풍토의 품부ᄒᆫ 토음에 덕당한 말을 지어쓰고 ᄯᅩ 그말음의 덕당ᄒᆫ 글을 지어쓰ᄂ 거시니 이럼으로 ᄒ 나라에 특별ᄒᆫ 말과 글이 잇ᄂ 거슨 곳 그 나라가 이 셰상에 텬연으로 ᄒᆫ목 ᄌ쥬국 되ᄂ 표요 그 말과 그 글을 쓰ᄂ 인민은 곳 그 나라에 속ᄒ여 한 단톄되ᄂ 표라 그럼으로 남의 나라ᄒᆯ ᄲᅢ앗고져ᄒᄂ 쟈ㅣ 그 말과 글을 업시ᄒ고 제 말과 제 글을 ᄀᄅ치려ᄒ며 그 나라ᄒᆯ 직히고져ᄒᄂ 쟈ᄂ 제 말과 제 글을 유지ᄒ여 발달코져ᄒᄂ 것은 고금텬하 사긔에 만히 나타난 바라 그런즉 내 나라 글이 다른나라만 못ᄒ다 홀지라도 내나라 글을 슝상ᄒ고 잘 곳쳐죠흔 글이 되게홀거시라. (쥬시경, 국어와 국문의 필요, 1907)

위의 논설에서 주시경은 한 나라의 특별한 말과 글이 있는 것은 그 나라가 이 세상에서 자주국이 되는 징표이며 그 말과 글을 쓰는 국민은 그 나라에 속하여 구성원을 이룬다고 하였다. 따라서 남의 나라를 빼앗고자 하는 나라는 그 말과 글을 없애 제 나라의 말과 글을 가르치려 할 것이며, 그에 대항하여 그 나라를 지키고자 하는 자는 제 말과 글을 유지하고자 노력하는 것이 보편적인 경향이니 내 나라의 언어를 지키고 가꾸어야 한다고 강조하였다. '국어'와 '문자'로서의 '국문'을 함께 살피는 주시경의 국어 의식이 명확하게 드러나고 있다.

주시경은 일본 제국주의 세력에 대한 경계를 주목하면서 언어의 지배와 피지배의 관계가 설정되고 그 상황에서 바로 '내 나라'의 글을 숭상하고 잘 보존해야 한다고 강조하였다. 또한 그는 피지배 민족은 자신들의 말과 글을 탄압하는 세력에 맞서야 한다는 어문민족주의적 시선을 이 무렵부터 드러내고 있었다. 그러한 그의 시각은 당위론적으로 한 국가의 독립과 자존을 위한 것이었다. 제 나라의 말과 글을 수호할 때 진정으로 언어공동체가 유지될 수 있다는 생각을 가지고 있었다. 나라를 잃으면 그에 따라 제 나라의 글을 제대로 사용할 수 없게 될 것을 염려했고 그것은 현실이 되어 버렸다. 이 시점은 1905년 을사늑약 이후 일제에 의해 외교권을 박탈당한 직후였다.

1894년에 비로소 국문의 지위를 얻은 한글은 불과 10년이 지난 후 일본 제국주의의 침략에 그 위상이 흔들리기 시작했다. 이것은 우리의 어문 근현대사에서 또 다른 역사적 퇴보였다. 국문으로서 한글은 표기 문제에서 한자와 불가피한 시대적인 갈등을 겪는 과정에서 일본의 간섭이 노골적으로 드러나며 다시 위축되기 시작했다. 국권을 일제에 빼앗기는 수모와 함께 필연적으로 동반되는 왜곡된 언어 현실은 한글의 시련이었다. 그러나 그런 질곡의 시대에도 한글 중심의 언어 실천은 곳곳에서 다양한 방식으로 전개되기 시작하였다.

2. 국문 시대의 언어 실천

국문 표기법 정비의 노력과 좌절

1894년 이후에 근대계몽기로 오면서 우리는 한글 표기법 정비와 통일의 필요성을 깨달았다. 시대에 맞는 제대로 된 규범이 존재하지 않았기 때문이다. 그 시작은 지금의 교육부에 해당하는 학부(學部)를 중심으로 국문 표기법을 통일하고자 하는 계획과 노력으로 구체화되었다. 그 구체적 실천은 결국 좌절되었지만, 표기법을 통일하기 위한 마련된 안은 중요한 어학적 성과였다.

주시경은 〈독립신문〉에 깊이 관여하면서 신문사 내에 국문동식회를 만들어 철자 통일에 대하여 계획을 염두에 두고 있었다. 통일되지 않은 철자법의 혼란을 극복하고자 그는 받침에 대한 제한을 두지 않는 형태주의적 표기로의 개혁을 구상했다. 이것은 전통 시대의 음소주의 내지는 표음주의를 벗어나는 조치였고 훈민정음 창제 당시 세종의 표기법 정신을 구현하는 것이기도 했다.

철자법에 대한 고민은 『국문정리(國文正理)』(1897)을 저술한 이봉운에게도 마찬가지였다. 국문으로 된 서문에서 그는 국문이 존중되어야 함을 강조했고 '언문옥편(국어 사전)'의 필요성을 역설했다. 사전을 만들게

「국문정리」

되면 사전에 반영되어야 하는 표기법은 필수였을 것이다. 표기법을 고민하는 과정에서 그는 '아래아'를 '단음(短音) 아'로 규정하였다. 이러한 고민은 주시경에게도 있었고 이봉운과 달리 1897년 논설 "국문론"에서 아래아를 '저음 아'로 규정하면서 자신의 견해를 피력하였다. 그는 나중에 『대한국어문법』에서 아래아를 'ㅣㅡ'의 합음이라고 수정하였다.

그런데 이 이 주장을 이어받은 지석영은 'ㅣㅡ'의 합음자로 '='를 새롭게 만들어 내기도 하였다. 다른 모음자에 비해 점의 형태를 유지하고 있는 아래아 문자에 대한 개혁의 의도였다. 이러한 내용이 반영된 것은 1905년 지석영이 상소하고 공포된 대한제국의 국문개혁안인 『신정국문(新訂國文』이었다. 이 개혁안은 6개의 항목으로 구성된 간단한 철자법 통일안이다. 그러니 '='와 관련하여 많은 비판을 받았고 대한제국 학부 당국은 그 통일안을 실천에 옮길 수는 없었다.

이러한 현실적 혼란을 해결하기 위해 당시 학부에 설치된 것이 바로 국문연구소였다. 1907년 7월 최초의 근대적 국어 연구 기관으로 창설된 이 연구소에서는 2년 후인 1909년 12월까지 철자법과 관련된 23회의 회의를 개최하였다. 그리하여 당면한 10가지 문제에 대한 최종 방안을 어윤적, 주시경, 이능화 등이 주축이 된 10명의 의원이 〈국문연구 의정안〉이란 이름으로 의결하고 작성하여 보고하였다.

一. 國文의 淵源과 字體及 發音의 沿革(可)

二. 初聲中 ㅇㆆ ㅿ ◇ ㅱㅸㆄㅹ 八字의 復用當否 (否)

三. 初聲의 ㄲ ㄸ ㅃ ㅆ ㅉ ㆅ 六字 並書의 書法一定(可, ㆅ은 폐기)

四. 中聲字 'ㆍ'자 폐지 및 =자창제의 당부(否)

五. 終聲의 ㄷㅅ 二字用法及 ㅈㅊㅋㅌㅍㅎ 六字도 終聲에 通用當否(可)

六. 字母의 七音과 淸濁의 區別如何(五音과 淸音, 激音, 濁音으로 구분)

七. 四聲票의 用否及 國語音의 高低法(四聲票는 不用, 長音 左肩一點)

八. 字母의 音讀一定(ㅇ 이응 ㄱ 기윽 ㄴ 니은 ㄷ 디은 ㄹ 리을 ㅁ 미음

ㅂ 비읍 ㅅ 시읏 ㅈ 지읒 ㅎ 히읗 ㅋ 키읔 ㅌ 티을 ㅊ 치읒 ㅏ 아

ㅑ 야 ㅓ 어 ㅕ 여 ㅗ 오 ㅛ 요 ㅜ 우 ㅠ 유 ㅡ 으 ㅣ 이 · ㅇ)

九. 字順行順의 一定(初聲 牙舌脣齒喉와 淸激, 中聲「訓蒙字會」순)

十. 綴字法(訓民正音例義대로 仍舊綴字-모아쓰기)

이 〈국문연구의정안〉에서는 (1) 국문의 연원에 대해서는 고대 문자 기원설을 인정하지 않고 향가 및 이두를 "國文을 造作ᄒ 思想의 胚胎"로 보았다. 훈민정음 자형과 관련해서 "字體는 象形이니 古篆을 倣造ᄒ지라"라고 규정하였다. (2) 초성자 중 ㆁㆆ ㅿ ◇ ㅱㅸㆄㅹ 8자는 더 사용하지 않기로 하였다. (3) 각자병서가 채택되었으며, ㆅ는 폐지하기로 하였다. (4) '·'는 폐지와 'ᅟᅳ' 자 창제는 모두 부결하기로 하였다. (5) ㄷㅈㅊㅋㅌㅍㅎ 일곱 자는 모두 종성에 사용하기로 결정하였다. (6) 자모는 5음과 청음, 격음, 탁음으로 구분하였다. (7) 성조 구분은 하지 않으며, 장음에 한해서 글자의 왼쪽 어깨에 점을 하나 찍는 것으로 결정하였다. (8) 'ㅈㅊㅋㅌㅍㅎ'이 2음절 명칭을 가지게 된 것은 (5)에서 이들을 종성에 쓰도록 결정한 결과였다. (9) 중성은 『訓蒙字會』의 순서를 따르되, 초성은 '아설순치후'의 순서로 먼저 청음을 놓고 이어서 격음을 배열하였다. (10) 철자법은 『훈민정음』 예의의 모아쓰기로 결정하였다.

불행하게도 이러한 뜻깊고 체계적인 최종안도 일제에 나라를 빼앗기면서 그 실현은 수포로 돌아가고 말았다. 그로 인하여 의결된 내용들이 실질적인 영향력을 가지지 못했다. 새로운 시대, 새로운 국가의 국어를 다듬어 한글에 대한 체계적인 규범을 세우려던 목표는 실패로

돌아갔다. 정책적 차원에서 어문 생활의 개선은 발전하지 못한 상태로 머물러 버렸고, 결국은 〈국문연구의정안〉이 공포되지 못한 채 세상에 묻히고 말았다.

그러나 이 의정안은 한글 표기법을 갖추지 못했다. 당시에 절실하게 필요한 것이었고 의미 있는 언어적 실천이었다. 정부 기관인 학부가 개입하여 근대적 표기법을 마련하겠다는 개혁이었고, 근대적 언어 정책의 일환이기도 했다. 이러한 국문연구소의 연구 활동 및 〈국문연구의정안〉에서 드러난 논의 결과는 표기법이 정립되지 않았던 혼란기에 한글에 대한 바른 표기법을 구축하려 했던 진지하고도 체계적인 고민의 결과였다.

국문연구소의 활동은 이후의 국문 표기법 연구와 국문 운동에 직·간접적으로 영향을 끼쳤다. 또한 식민지 시대에 결성된 조선인 중심의 조선어연구회(후에 조선어학회로 개칭)에서 〈한글마춤법통일안〉을 제정하는 데도 지대한 공헌을 한 어학적 성과였다. 특히 의결된 내용이 현재 맞춤법의 원리에도 적지 않게 반영되었다는 점에서 그 의의를 찾을 수 있을 것이다. 이러한 표기법 정비를 위한 국문 의식은 전통적 표기법에서 탈피하고자 했던 근대적 지향의 한 모습이었다.

서양 외래어의 수입과 한글 표기

근대계몽기는 안으로 우리의 근대 의식이 실천적으로 드러난 시기이기도 하지만, 밖으로는 일본은 물론 서양 세력이 파도처럼 밀려오는 격동기였다. 외국과의 접촉이 늘면서 그들의 언어가 함께 들어오는 것은 필연적이었다. 이러한 언어 접촉은 새로운 언어를 거부할 수 없는 국면이었고, 우리의 문자 사용은 외래어 표기를 중심으로 많은 변화를 겪었다. 우리에게 큰 문화적 영향력을 행사한 중국이 주춤하는 사이에 또 다른 외래 문명이 들어오면서 우리나라는 새로운 시련을 맞이하면서 그에 대한 적응이 필요했다. 외래어에 대한 표기 문제는 이러한 역사적 언어 현실을 대변해 주는 것이었다.

외래어가 들어오면서 그 표기는 한자 표기 혹은 국문 표기로 실현되었다. 한자 중심의 표기는 중국이나 일본에서 사용하던 외국 지명과 인명이 대부분이었지만, 그것에 대한 독법은 우리 한자음으로 읽는 방식일 수밖에 없었다. 특히 외래어 중에서 외국 지명과 인명의 국문 표기는 그것을 수용하는 주체에 따라서 혼란스러운 양상이었다. 그에 따라 신문에서부터 근대적 잡지, 개인 저서와 성경, 각종 독본과 교과서류, 그리고 근대적 면모를 갖추기 시작한 사전류 등에는 서양 외래어가 다양한 방식으로 표기되었다.

유길준의 『서유견문(西遊見聞)』(1895)에서도 그 외래어 표기의 일부를 보여주고 있다. 이 책은 서양 각국의 지리, 역사, 정치, 교육, 법률, 행정, 경제, 사회, 군사, 풍속, 과학기술, 학문 등 광범위한 분야

『서유견문』

를 서술하고 있다. 본문에서는 미국, 영국, 프랑스, 독일 등 각 나라의 국가명과 지명에 대한 서양 외래어가 '이집트(이집트), 쏀막크(덴마크), 스위든(스웨덴), 입흐리카(아프리카), 프란쓰(프랑스)' 등과 같이 한글 표기로 등장한다.

주목할 만한 것은 서구 인명 외래어를 한자와 원음이 반영된 직접 음역어로 '阿利秀 아뤼스토틸, 惠質 헤겔, 裵昆 베콘' 등과 같이 병용해 표기했다. 근대계몽기 초기에 번역된 성경에도 직접 음역어가 한글 표기로 '랍비(rabbi), 사탄(satan), 아멘(amen), 알리루야(hallelujah), 알바(alpha), 오미가(omega), 호산나(hosanna)' 등과 같이 등장하고 있다.

이봉운은 그의 『국문정리(國文正理)』에서 탁음을 표기하기 위하여 일어 표기에 부호를 써서 적을 것을 주장했고, 1908년에는 조신 후기의 실학자 정약용이 아동들의 한자 학습을 위하여 엮은 문자 교육용 교재에 지석영이 주석을 단 『아학편(兒學編)』에서는 한자에 대한 우리 독음, 중국어, 일본어, 영어를 자신이 고안해 낸 발음을 한글 표기 방식으로 한글로 독특하게 적기도 하였다. 우리의 규범이 없었기 때문에 이러한 외래어 표기들이 제대로 정돈되지는 않았지만, 표기의 예시들 중의 일부는 원어의 발음을 잘 반영하고 있어서 지금도 참고할 만하다.

兒 Child 촤일드 學 Learn 을러언 編 Book 쎄크
天 Sky 스카이 地 Earth 이어쯔 父 Father 으아여 母 Mother 모여

『국문정리』와 『아학편』의 한글 표기는 외국어의 정확한 발음을 가르칠 목적도 염두에 둔 것이었기 때문에 이미 정착된 외래어 표기와는 달랐다. 외래어를 외국에서 들어온 말 전체로 인식하고 있었던 시기라

는 점에서 외래어와 외국어의 개념에 대한 혼동 내지는 착각도 있었다. 그러나 그 기본 원칙은 원음주의로 이해된다. 그 규칙과 원칙을 발견하기는 쉽지 않았지만, 현지음에 충실하고자 했던 노력으로 짐작된다. '외래어'에 대한 인식이 아니라 '외국어'의 수준에서 표기하고자 했던 의식이 강했다.

이러한 외국어의 발음 표기의 흐름을 전체적으로 정리하면, 일본식

『아학편』

외국어 표기의 답습, 중국 한음의 발음을 반영한 표기, 중국 한음을 우리 한자음으로 읽어 표기한 표기, 서구어 발음의 원음주의 표기 등의 복잡한 양상이었다. 이러한 표기와 함께 일본에서 들어온 신어, 중국을 통해서 서구어의 한역 과정을 거친 신어들이 풍부해지면서 이 시대 어휘의 한글 표기가 다양하게 실현된 예들을 볼 수 있다. 그러나 이역시 표음문자로서 한글이 존재했기 때문에 가능한 일이었다.

한글 중심의 사전 편찬을 기획하다

불행하게도 조선시대에는 한글 중심의 사전이 없었다. 한자를 모아서 일정한 순서에 따라 배열하고 글자 한 자마다 그 뜻과 음을 적어 놓은 자전, 운서 등이 꾸준히 간행된 정도였다. 자전, 운서 등은 식자층의 문자 생활을 위하여 한어 발음 사전과 조선 한자어 발음 사전의 역할을 했지만, 한자를 아는 양반들을 위한 것이었고, 일반 국민을 위한 사전은 존재하지 않았다.

한글의 시대가 도래하면서 한글 표기 중심의 표제어가 제시되고 그에 대한 뜻풀이가 이루어진 우리말 중심의 근대적 사전 편찬은 이제 시대적 요청이었다. 자연스럽게 이 시대의 국문 연구자들은 전통 시대의 자전이 아니라 한글을 기반으로 한 우리말 사전의 필요성을 역설하였다. 주시경은 그의 〈국문론〉에서 '사전' 출판의 당위성을 아래와 같이 강조하였다.

죠션말노 문법칙을 정밀흐게 문들어셔 남녀간에 글을 볼 째에도 그 글의 뜻을 분명이 알아보고 지을 째에도 법식에 믓고 남이 알아보기에 문리와 쉽고 경계가 붉게 짓도록 글ᄋ쳐야 흐겟고 쏘는 국문으로 옥편을 문드러랴 흘지라

이봉운도 그의 저서 『국문정리』 서문에서 "문명의 데일 요긴흔거슨 국문이디 반절 리치를 알 살룸이 적기로 리치를 궁구ᄒ야 언문 옥편을 믄ᄃᆞᆯ…"라고 언급하고 있다. 새로운 시대에 '반절(한글)'의 원리를 알아야 되는 것과 동시에 그것을 바탕으로 '언문 옥편'을 제작해야 함을 역설하였다. 주시경이 강조한 '국문으로 (된) 옥편'과 이봉운이 힘주어 피력한 '언문 옥편'은 모두 근대적 사전을 가리킨다.

한글로 된 사전의 편찬은 간단한 일이 아니었기 때문에 19세기말까지 한글로 된 단일어 사전은 결국 출간되지 못했다. 오히려 선교를 목적으로 당시 국문에 관심을 갖은 서양인들을 중심으로 당시 조선어를 배우기 위한 목적으로 어휘를 수집하여 대역 사전을 편찬하고 보급하였다. 체계를 갖춘 대역 사전은 푸칠로의 『노한사전(露韓辭典)』(1874)이 우리에게 효시로 알려져 있으나, 오류가 많았을 뿐더러 함경방언이 적지 않았다. 그러나 리델의 『한불자전(韓佛字典)』(1880), 스코트의 『영한사전(英韓辭典)』(1891), 게일의 『한영자전(韓英字典)』(1897)은 사전의 면

『한불자전』

모를 갖추고 있었다.

『한불자전(韓佛字典)』(1880)은 당시 일본 요코하마에서 인쇄되었으며, 서울 출신의 독실한 신도 최지혁이라는 조선인의 도움을 받아서 편찬한 것으로 푸칠로의 『노한사전(露韓辭典)』과는 달리 서울말을 대상으로 했다고 알려져 있다. 표제어를 '한글'로 제시하고 그 발음을 로마자의 대문자로 적고 있다. 당시 조선어의 발음이 담긴 사전이다. 또한 표제어가 한자어일 때는 한자를 노출함으로써 일종의 어원 정보를 제공하고 있다.

게일의 『한영자전(韓英字典)』은 훌륭한 대역 사전으로 초판이 1897년에 간행된 이후로 일제강점기인 1911년 재판이, 1931년까지 3판이 출간되어 근대계몽기와 일제강점기를 거친 가장 권위 있는 사전이었다. 판을 거듭할 때마다 책의 형태와 편찬 방식을 달리한 것으로 재판과 3판은 개정판에 해당한다. 초판과 재판은 일본 요코하마에서 출판했으나, 3판은 경성에서 간행되었다. 약 40년에 걸쳐 출간된 사전으로 구어, 문어, 한자로 나눠 표제어를 구성했으며 각 판마다 어휘와 그 표기 변화를 확인할 수 있어서 그 학술적 가치가 뛰어나다.

서양인들은 그들의 문물을 들여오면서 동시에 조선을 계몽하고 선교할 목적을 위해 조선어와 한글 습득을 위한 사전을 편찬했다. 조선의 민중에게 자전과 운서는 불필요한 것이었다. 서양인들이 조선어를 배워 조선인들과 교류하고 그들의 종교를 전파하기 위해서는 한자나 한

『한영자전』

문이 크게 필요하지 않았다. 포교 대상은 민중이었기 때문에 그들의 관심사는 한글이었다. 비록 대역 사전이고 그 사용자는 서양인일 수밖에 없었지만, 이 사전에 남겨 놓은 표제어의 한글 표기 역시 근대의 소중한 언어 자산이다. 이러한 대역 사전 편찬과 간행은 결국 당시 우리에게 단일어 사전 편찬의 필요성과 자극을 주기에 충분했다.

성격은 다르지만 우리의 힘으로 편찬한 대역 사전이 세상에 나오기도 했다. 『국한회어(國漢會語)』(1895)는 이준영, 정현, 이기영, 이명선, 강진희 등이 약 27,000개의 어휘를 모아 당시 조선어를 표제어로 삼고 한자나 한자어로 풀이한 최초의 대역 사전이다. 출간되지는 못하고 필사로 전해지고 있으며 특히 이 사전은 최초의 가로쓰기를 한 책으로 알려져 있다. 1897년 〈국문론〉에서 가로쓰기를 주장한 주시경의 논설에 앞서 선구적으로 가로쓰기를 실천한 사전이라는 점에서 그 역사적 의의가 있다. 이 사전은 단일어 사전이 아니라 한글과 한자를 대응하는 실용 대역 사전이었다. 안타깝게도 우리말 표기의 표제어와 뜻풀이로 구성된 단일어 사전은 이 시대에 그 빛을 볼 수 없었다.

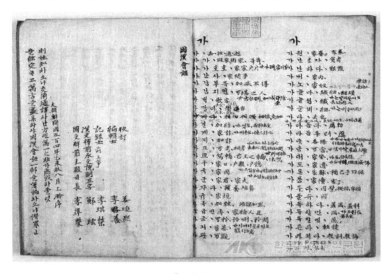

『국한회어』

한글 기반 국어 문법서가 나오다

근대계몽기에는 한글 표기가 보편화되기 시작했기 때문에 조선어를 이론적으로 이해하는 문법서의 출현도 자연스러운 것이었다. 당연히 한글 표기를 기반으로 이루어진 어학적 성과였다. 문법은 글이 아니라 '말'에 대한 법칙이지만, 한글이 국문으로 그 지위를 얻은 후에 저술된 것이라는 점에서 국어 문법서 간행의 의미는 적지 않다.

이러한 문법서들은 대체로 서문 이후 1장에서 한글과 관련된 연원, 자모 설명, 한글 교육에 대한 지식을 담고 있어 한글 연구서의 성격도 띠고 있다. 더 나아가 근대적 문법서가 부재한 시기에 일본이나 서양 언어학의 체계를 수용하고 변형하여 체계를 갖춘 문법서를 한글 중심으로 서술한 것은 어학사의 관점에서도 한글의 위상을 보여주는 것이었다.

근대계몽기의 국어 문법서는 크게 유길준의 『조선문전(朝鮮文典)』(1906), 주시경의 『국어문법(國語文法)』(1910)과 김규식의 『대한문법(大韓文法)』(1908), 김희상의 『초등국어어전(初等國語語典)』(1909) 등으로 집약될 수 있다. 책의 제목에서 짐작하는 바와 같이 '조선', '국어', '대한' 등의 용어가 다양하게 사용된 것을 알 수 있다. '조선어'의 개념과 '국어'의 개념이 공존하던 시대였다.

유길준의 『조선문전(朝鮮文典)』(1906)은 최초의 근대 국어 문법서이다. 주시경의 『국어문법(國語文法)』(1910)은 그 이전까지 자신이 서술했

『국어문법』

던 다양한 저술을 체계화한 문법서이다. '늣씨'(형태소)의 개념이 본문에 등장하고 문장의 기저형 등이 설정되는 등 현대 문법과 견주어도 손색이 없다는 평가를 받는다. 영어에 능통했던 김규식의 『대한문법(大韓文法)』(1908)은 서구문법적 시각이 담겨 있는 문법서였다. 김희상의 『초등국어어전(初等國語語典)』(1909)은 제목을 통해서 이 책이 교육 문법서의 성격임을 짐작할 수 있다.

근대계몽기에 이러한 문법서의 간행은 국문의 지위를 얻은 '한글'의 확산에 따른 것이었다. 일본 문법 및 서구 문법의 영향을 받기도 했으며, 현대의 시각에서 볼 때 다소 엉성한 체계로 구성되어 있는 부분도 있었다. 그러나 우리말을 기반으로 한글로 구성된 문법서가 이 시대에 탄생한 것은 우리의 언어·문자 생활이 한글 중심으로 정착되기 시작했다는 점을 시사한다. 그리고 이러한 학문적 전통은 식민지 시대에서

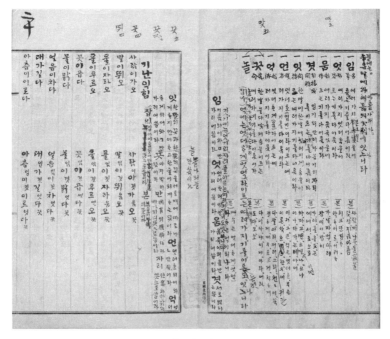

『국어문법』

도 지속되어 후학들의 노력과 성과로 계속 이어지게 되었다.

근대에도 유통된 '언문' 반절표

전통적인 한글 교육은 한글 자모를 습득하는 교육이 중심이었기 때문에 근대의 한글 교육과는 달랐다. 한글 자모와 음절을 배우고 익히기 위해서 다양한 '언문 반절표'가 간행되었다. 책자의 형태가 아니라 한 장 짜리 '표'의 형태를 지니고 있었다. 근대계몽기에도 한글 반절표는 다양한 방식으로 유통되었다. 그리고 아동들뿐만이 아니라 한글을 모르는 백성들을 위한 것이어서 이것을 활용하는 계층은 남녀노소의 구분이 없었다. 이 전통적 한글 습득은 근대계몽기까지 이어져서 다양한 언문 반절표가 간행되고 초급 한글 교육에 큰 영향을 미쳤다.

이 시기 국어 교과서로 분류되는 문헌에서도 변형된 형태로 언문

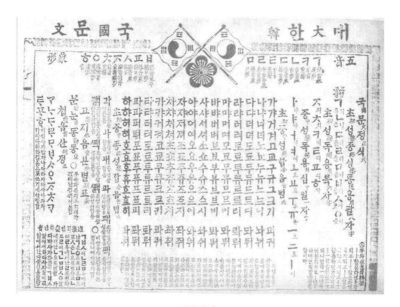

〈반절표〉

반절표가 교과서 첫머리에 등장하기도 했다. 심지어 일제강점기 조선어 독본 교과서에서도 한글 반절표가 보통학교용 국어 교과서에서 제시되기도 했다. 해방이 된 후에도 문맹 퇴치의 일환으로 학생들뿐만이 아니라 성인을 위한 '국문초보'와 같은 전단지에서 한글 반절표는 활용되었다.

지방자치단체나 언론사 등에서도 누구나 쉽게 배울 수 있는 한글 반절표를 배포하고 한글 첫걸음을 위한 노력을 기울였다. 심지어 외국인용 한글 교재에서도 한글 반절표가 어김없이 등장했다. 한글을 배우고 익히는 것은 문맹에서 벗어나는 것이었고, 근대에는 계몽 운동이나 우리글을 사랑하는 애국 운동의 성격도 있었다. 이러한 반절표를 활용한 전통적인 한글 교육은 낡은 것만은 아니었다. 오랜 시간에 걸쳐 관습적으로 내려온 방법이었고, 효율적인 한글 학습을 위해 꽤 유용한 기능을 발휘하고 있었다.

국어 교과서의 등장과 근대적 한글 교육

이 시기 국어 교육에서도 한글은 가장 중요한 기능을 담당하게 되었다. 국어 교육의 핵심은 한글 교육에서 출발하는 것이었다, 전통적인 한글 교육에서 벗어나 근대적 한글 교육이 시작되면서 국민들의 문맹도 조금씩 해소되기 시작했다. 또한 근대 출판 및 활자 문화의 발달은 교과서 편찬과 보급으로 이어졌다. 이에 한글 교과서가 출간되었고, 한글은 그 중심에 있었다. 1895년 〈교육입국조서〉는 국어 교과 독본류의 간행을 자극하였다.

이러한 독본류를 읽고 이해하는 과정에서 자연스럽게 한글 교육은 이루어졌다. 그러나 독본류와 교과서들은 대부분 국한문을 섞어 편찬되고 출간되었다. 아직은 완벽한 한글 중심의 교육과 교재는 아니었다. 근대 국어 교과서들은 그 내용과 형식에서 적지 않은 차이를 보이기도 했다. 그러나 그 지향은 새로운 근대 문명 지식의 학습과 한글 문해력의 향상이었다. 아쉽게도 해방이 되기 전까지 한글 전용의 근대 교과서는 거의 찾아보기 어려웠다.

처음으로 학부가 간행한 국어 교과 독본류는 3종이었다. 교과서 편찬자가 학부였기 때문에 구체적인 저자를 확인하기는 어렵다. 이 기관에서 편찬한 '국어교과 독본류'는 대체로 한글과 한자가 섞인 국한문혼용체의 형식이었다. 최초의 국어 교과서로 평가를 받는 『국민소학독본』(1895)과 『소학독본』(1895)도 역시 국한문혼용체였다. 그러나 한문 문장에 토를 다는 방식의 의고적인 문체에서는 벗어난 것이었다. 『국민소학독본』은 한글 자모 교육을 위한 반절표가 첫머리에 등장하지 않고 바로 본문으로 시작되었다.

『소학독본』(1895)의 경우 본문에 협주가 함께 노출되어 있어 전근대식 문헌의 특징도 보여준다. 『국민소학독본』(1895)과 비교해 볼 때 문체 구성에서도 다소 차이를 보인다. 그러나 한글 자모 교육을 위한

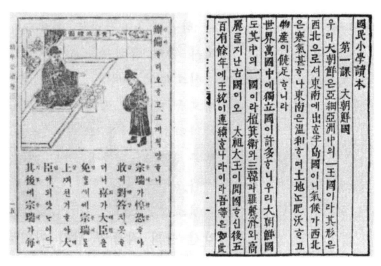

『국민소학독본』

『소학독본』

전통적 반절표는 여기서도 본문에 등장하지 않는다.

학부 편찬의 교과서이지만 『신정심상소학』(1896)은 본문의 문체가 앞의 두 종과는 다르다. 국한문혼용체이기는 하나 본문 1권은 국문 중심으로 구성되었다. 근대 교과서 중에서는 처음으로 첫 쪽에 전통적인 한글 반절표가 제시되어 있었다. 본문 속 문장에 권점과 삽화가 있어 학습자가 이 독본을 이해하는 데 도움을 주었다. 본문에 노출된 한자 빈도고 낮았고 그 한자들의 난이도 역시 앞의 2종보다 높지 않았다.

비록 국어 교과서 성격은 아니지만, 미국인 선교사 헐버트(Homer Bezaleel Hulbert)가 지은 한글 전용의 『사민필지(士民必知』(1889)와 같이 세계 지리서 성격의 독본류도 있었다. 국어 교과서는 아니지만, 외국인이 지은 근대 최초의 한글 서적이었다. 이러한 책을 통해서 조선인들은 서양 세계를 책으로 알게 되었다. 또한 서양의 문물을 이해

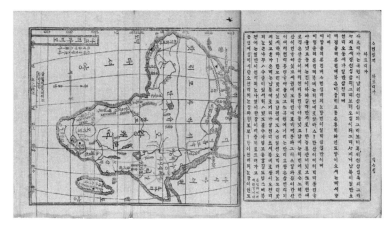

『사민필지』

하고 도입하는 과정에서 새로운 학제에 대한 필요성을 절감하게 되었을 것으로 판단된다. 3종의 국어 독본류보다 먼저 출간되었고, 한글 전용의 문체 구성을 이루고 있다는 점에서 헐버트의 국문 의식을 엿볼 수 있다. 헐버트는 근대 국문의 위상을 높여 준 서양인 선각자였다.

사립기관 국어 교과서의 등장

1885~1896년 이후 약 10년간은 국어 교과 독본류가 출간되지 못한 암흑기에 해당한다. 학부에서 편찬한 교과서가 정착되고 보급되어 안정적으로 유지된 점도 있지만, 과도기적 정치 상황에서 출판 문화의 전반적인 위축이 그 원인일 수도 있었다. 민간단체 대한국민교육회에서 최초로 편찬하고 간행한『초등소학』(1906)이 있었고,『고등소학독본』(1906)은 휘문의숙에서 간행하여 보급되었다. 특히 대한국민교육회는 민간 애국계몽단체였다. 을사늑약 직후 학부의 위상이 추락하면서 그에 대한 자극으로 사립기관들을 중심으로 근대 국어 교육에 대한 욕구와 열망이 표출된 것으로 짐작해 볼 수 있다.

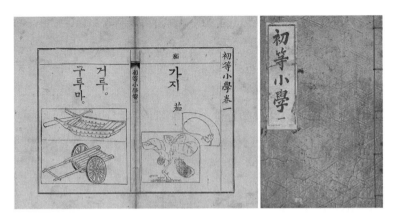

『초등소학』

　『초등소학』(1906)의 경우 권1과 권2는 각 과의 제목 일부와 본문에서 극히 제한적으로 한자를 노출하고 있지만 한글전용체의 형식을 갖추고 있었다. 대한국민교육회의 대표이기도 했던 이원긍이 발간한 이 교과서는 저학년용 권1, 2에 한정해 볼 때, 현재까지 발굴된 교과서 중 최초의 한글전용 국어 교과서라고 할 수 있다. 대부분의 교과서가 국한문혼용체를 채택하고 있는 상황에서 이 교과서는 초등 학습자를 고려한 점도 있었겠으나, 대단히 혁신적인 문체 구성으로 평가할 수 있다.

　『고등소학독본』(1906)도 '국어교과 독본류'에는 해당하지만 『초등소학』(1906)과 두 가지 점에서 차이가 있다. 본문에 삽화가 들어가 있는 친절한 구성이지만, 고등 학습자가 한문에 깊이가 어느 정도 있을 것으로 판단하고 본문 문체를 채택한 것으로 보인다. 문체는 국한문혼용체이지만 다소 한문 중심으로 기울어져 있었다.

여성 대상 국어 교과서의 등장

1907년부터 1909년은 국어 교과 독본류의 편찬이 집중된 시기였다. 학부가 편찬한『보통학교용 국어독본』(1907)을 제외하고는 편찬 주체가 주로 지식인 중심의 개인들이 대부분이었다. 또한 여성 학습자를 대상으로 편찬된 교과서가 등장한 것은 이 시기 교과서 간행의 중요한 특징이다. 전근대 시대에 여성은 교육에서 소외되어 이중의 차별을 받은 계층이었다. 그러나 근대계몽기는 그들에게 교육의 기회를 주었고 3종의 교과서가 간행되었다.

1908년에『여자독본』,『초등여학독본』,『부유독습』이라는 이름으로 국어 교과 독본류가 간행되었다. 각 교과서의 공통점은 학습 대상이 여성이었다는 점이고, 차이점은 학습자의 성격이 일반 여성, 초등 여성, 여성과 어린아이로 구별되어 각각 편찬되었다는 점이다. 새로운 시대에 접어들면서 이제는 여성도 계몽해야 할 대상으로 인식하게 되자 여학교의 설립, 여성 계몽 잡지와 신문 발행 등 여성에 대한 교육열은 날로 증가하였다.

『여자독본』(1908)은 장지연이 저술한 교과서로 본문 문체는 한글전

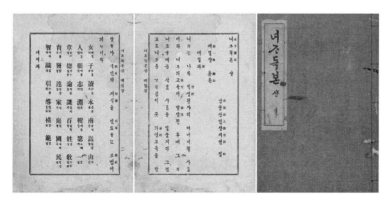

『여자독본』

용체 형식이었다. 본문은 국문 중심으로 되어 있었고, 한자어 단어에 한해서 해당 한자를 병기하였다. 조선 시대에 한글은 평민의 글이기도 했지만, 여성의 글이었다. 그러한 인식은 근대계몽기에도 어느 정도 지배하고 있었다. 여성들도 교육의 대상이자 주체가 되어야 했기 때문에 그들이 읽을 수 있는 한글을 본문의 문체로 삼은 것이다. 일반 여성들이 한자에 대한 지식이 없을 것으로 판단하고 각 과 끝에 한자를 복습할 수 있도록 한자 목록을 제시하여 학습의 편의를 도모하였다.

『초등여학독본』(1908)의 본문 문체는 국한문혼용체 형식이었다. 한문 중심 구결체(현토체)가 본문에 먼저 나오고 아울러 그것을 한글 전용체의 문장으로 번역하여 각 과마다 함께 싣고 있다. 같은 내용의 한문 중심 구결체(현토체)와 한글전용체가 짝을 이루어 편찬된 독특한 구성이었다. 따라서 이 독본류는 『여자독본』(1908)과는 그 편찬 목적이 다를 수밖에 없다. 『여자독본』(1908)은 우리글을 배우면서 한자 학습과 연계하는 것이 주목적이 아니었다. 그러나 『초등여학독본』(1908)은 한자 학습 연계가 필수적이었다.

이 두 독본류와는 달리 『부유독습』(1908)은 글을 모르는 여성과 어린아이를 위한 국어 교과 독본류를 표방하고 있었다. 그러나 본문

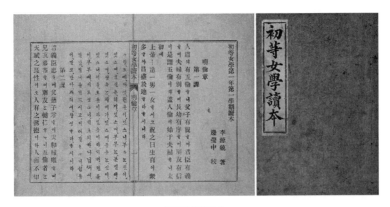

『초등여학독본』

구성을 자세히 살펴보면 주로 한자 학습에 초점을 맞추고 있어 완전한 국어 교과라고 부르기는 어려운 점이 있다. 본문 문체는 한글전용체 및 국한문혼용을 모두 제시하고 있는 것은 물론이다. 상권의 경우 학습 대상이 되는 한자의 음과 훈을 한글로 제시하였다. 그 한자에 대한 우리말 풀이는 한글전용체로 구성되어 있었다. 한자 학습이 주목적이고 그 목적을 위해 한글을 도구어로 활용한 교과서로 볼 수 있다.

이 시기에 학부에서 편찬한 교과서는 『보통학교학도용 국어독본』(1907)이 유일하다. 개인이 저술하고 편찬한 것이 아니라서 교과서의 체계성을 어느 정도 갖추고 있었다. 을사늑약 이후에 편찬한 독본류라는 점에서 일제의 간섭과 영향을 어느 정도 받은 교과서로 알려져 있다. 말 그대로 자구만 정정한 채로 나중에 식민지 시대에 출간된 『보통학교학도용 조선어독본(자구 정정)』(1911~13)으로 이어진 것을 보면 이 교과서의 성격을 짐작하게 한다. 학부가 편찬한 독본류 교과서이지만 일제의 입장에서도 적정한 교과서로 판단한 듯하다. 한글이 중심이 되긴 했지만, 1905년 이후의 국어 교과 출판의 성격은 일본의 통제에서 자유롭지 못했다.

이 『보통학교학도용 국어독본』(1907)의 본문 문체는 중층적이다.

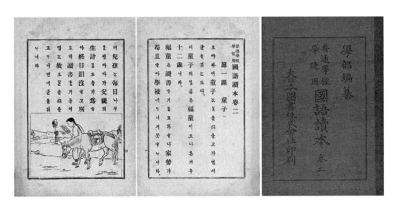

『보통학교학도용 국어독본』

권1부터 권8까지 살펴보면 단계별 문체의 다양성을 엿볼 수 있다. 권1
은 극히 일부 한자가 본문에 노출돼 있지만 한글전용체 형식이다. 그
러나 권2부터 권4까지는 본문이 국문 중심의 국한문혼용체로 서술되
어 있다. 권5부터 권8까지도 역시 국한문혼용체이지만 한문을 중심으
로 구성된 직역 언해체의 문체 형식이었다. 학부의 국어 교과 독본
문체가 학년별로 변하는 양상이었다. 문체에 있어 근대계몽기의 초창
기 교과서보다 더 발전한 것이라고 보긴 어렵다.

이러한 서술 문체 변화 및 발전과 함께 『보통학교학도용 국어독
본』(1907)은 권1에서 한글 자모와 반절표가 체계적으로 등장한다. 학
습자가 보통학교 학생이라는 점을 염두에 둔 것으로 판단되며, 독본의
이러한 구성은 보통학교 저학년 학도를 위해서는 한글이 교육의 중심
에 있었음을 방증하는 것이다.

학부가 편찬한 독본과는 달리 현채가 편찬한 『유년필독』(1908)의
본문 문체는 국한문혼용체의 형식이었다. 책 제목에서 짐작할 수 있듯
이 '유년'의 학습자를 위한 독본류이다. 본문은 국문 중심으로 되어
있으며, 간혹 등장하는 한자어 단어에 해당 국문으로 한자음 발음을
병기해 주었다. 대체로 국문 중심의 국한문혼용체의 성격을 띠고 있는
국어 교과서라 볼 수 있다. 국한문혼용체에 국문을 병기하여 한자 독

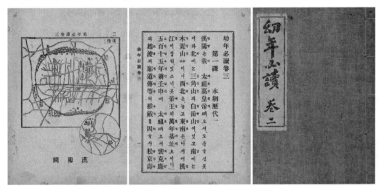

『유년필독』

음을 제공하고 있는 『유년필독』(1908)은 당시 교과서 중에서 보기 드문 문체 구성 형식이었다.

이 시기 초등(유년) 학습자를 위한 국어 교과 독본류 문체는 몇 가지 특징과 경향이 있었다. 우선 각 교과서의 권1은 한글전용체가 근간을 이루는 본문 문체를 구성하고 있었고, 그것은 당시 초등(유년) 독본류에 정착된 측면이 있었다. 두 번째는 한 교과서 안에서 학습자의 학습 단계를 염두에 두고 단계별 문체의 다양함을 보여 주고 있었다는 점이다. 한글과 한자가 혼용되는 과도기적 문체 특징이지만, 고학년으로 갈수록 한자의 빈도가 높아지는 경향이었다. 고학년에서는 한글과 한자 학습이 동시에 필요하다고 본 것이다. 마지막으로 이 시기는 학부 중심의 국어 교과서와 개인 편찬의 국어 교과서가 각각 교과서의 틀을 어느 정도 갖추고 있어서 19세기말 근대계몽기 전반부의 교과서보다는 질적으로 발전된 양상이었다.

일반인을 위한 국어 독본류의 등장

근대계몽기에서 국어 교육의 역사에서 가장 의미 있는 일은 교육의 대상인 '국민'의 탄생이었다. 대한제국이라는 울타리 안에 같은 언어와 문화를 공유하는 국민은 국가를 구성하는 주체로 인정되었다. 그리고 이러한 구성원을 적극적 계몽하고 교육하는 것은 국가의 과제이자 의무가 되기 시작하였다. 그러나 이러한 '국민'이 모두 제도권으로 편입되어 교육을 받을 수 있는 것은 아니었다.

이 시기 출간된 대표적 '국민' 교과서로 『노동야학독본』을 들 수 있다. 『노동야학독본』은 유길준이 1908년 경성일보사에서 간행한 것으로 1909년 1월 26일 『황성신문』에 게재된 광고를 살펴보면 다음과 같다.

國家의根本的되는勞動諸君의德性을涵養ᄒ고知識을啓發ᄒ기爲ᄒ
야簡明摯切히著述ᄒ온바但히勞動諸君만敎育홀뿐아니라普通學識이優
裕혼同胞도老少를勿論ᄒ고 淸覽에可供홀만ᄒ오니 僉彦은速購ᄒ시읍

위의 인용문에서 알 수 있듯이『노동야학독본』은 노동자뿐만이 아
니라 남녀노소를 불문하고 보통교육을 받지 못한 이들을 위한 교과서
였다.『노동야학독본』의 가장 큰 의의는 "노동에 대한 기존의 인식을
버리고 대중이 노동의 의의와 노동자의 존재 가치를 깨닫도록"하는
데 있는 것이었다. 그들도 국민으로 보고자 했던 것이고 그들만을 위
해서 편찬된 교과서로 이해된다.

그런데 저자 유길준은 교과서를 집필할 당시에 한문은 폐지하는
것이 마땅하나, 한자는 빌려 쓰는 것이 더 낫다는 인식을 갖고 있었다.
그래서 본문 구성 문체와 관련하여『노동야학독본』은 국문 중심의
국한문혼용체의 성격을 띠고 있다. 또한 특이한 점은 한자 옆에 해당

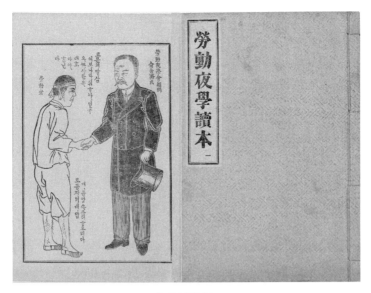

『노동야학독본』

한자의 음독 내지는 훈독을 병기했다는 것이다. 만물(萬物), 종류(種類)와 같이 두자로 된 한자어는 음독으로, 생(生), 어(魚)와 같은 한글자의 한자어는 훈독을 병기함으로써 학습자들이 한자를 읽고 이해하는데 무리가 없도록 배려하였다. 이것은 일본의 후리가나(振り仮名) 혹은 요미가나(読み仮名)와 같이 한자를 읽는 법을 표기하는 방식이었다. 그리고 이러한 방법을 부분적으로 차용한 훈독식 국한문혼용이었다. 음독 대상 한자어는 당시 조선어 어휘 체계에 들어온 것으로 그 독음을 달아 주었고 훈독 대상 한자어는 당시 조선어 어휘 체계에 확고히 편입되지 않았다고 보고 훈독으로 풀어 주었다.

그 밖에도 『언문(言文)』은 1909년에 지석영이 편찬한 것으로 독본류의 국어교과서와 그 성격이 전혀 다르다. 문체는 국한문혼용체이며 국어 교과서라기보다는 단어집이리고 볼 수 있다. 온전한 사진의 형태를 갖추고 있지 못했지만, 한글 단어에 한자를 병기하여 학습자들이 쉽게 배우기 편하게 구성된 어휘집이다. 뒤에는 한글 음절에 대응하는 한자어, 고유어 색인을 수록하고 있다. 근대 국어 독본류와는 다른 다소 이질적 문헌이다.

지금까지 살펴본 근대계몽기 초기의 국어교과 독본류는 갑오경장 이후의 국문인 한글과 한자가 섞인 문체 형식인 국한문혼용체가 지배적이었다. 그러나 1906년 이후부터는 한글전용체가 각 국어교과 독본류의 권1에 사용되었다. 그리고 한 독본 안에서 다양한 문체가 각 권을 거듭할수록 단계별로 실현되었음

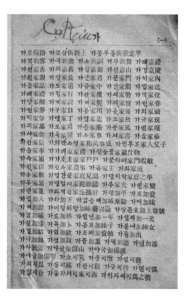

『언문』

을 알 수 있다.

이러한 언어·문자 표기의 양상은 과도기적 시대에 한자를 넘어설 수 없는 불가피한 언어 현실의 반영이었다. 제대로 된 어문규범이 존재하지 않는 상황에서 정부와 민간기관, 개인 편찬자들은 문체, 학습자, 한자 문제에서 자유로울 수 없었다. 그리고 한자와 한글 사이의 주도권이 교체되는 시기에 규범의 필요성과 한글 의식의 전환이 요구되는 현실이었다. 근대 초기의 한글 교육은 한계를 가지고 있었으나, 국어 교육의 틀 안에서는 발전하고 있는 양상이었다.

일제에 국권을 넘겨주고 총독부의 주도 아래에서 규범이 만들어지면서 우리 '국어'는 '조선어'로 격하되었다. 그 과정에서 국어 교과 독본류의 편찬과 체계는 우리가 원하는 방식과는 다르게 전개되었다. 국어의 지위에서 조선반도의 지역어, 혹은 '방언'의 지위로 규정된 일제강점기의 '조선어' 교과서는 그 내용에서 식민지 조선의 한계를 드러냈고 일제의 조선어 학습 방침에 따라서 통제되었다.

3. 한글의 탄생과 고난의 시대

'한글' 이름은 이렇게 태어나다

훈민정음은 국문의 지위의 위상을 확보하며 근대계몽기에 큰 역할을 했다. 더 나아가 이제 훈민정음은 일반명사로서 '국문'이 아니라 새로운 시대에 다른 이름으로 다시 태어날 필요가 있었다. 그러나 불행하게도 1905년 을사늑약을 지나 1910년 국권은 일본으로 넘어갔고 식민지 시대가 도래했다. 나라를 빼앗긴 이 시대 상황은 훈민정음과 국문 대신에 새 이름을 더욱 간절히 요구하고 있었다. 더욱이 이 시대의 '국어', '국문'이라는 명칭은 우리와 일본 모두 사용할 수 있는 범용적인 용어였기 때문이다.

주시경이 1910년 6월 10일에 발행한 〈보중친목회보〉 1호에 기고한 글에는 이러한 '국어'와 '국문' 대신에 '한나라말'과 '한나라글'이라는 표현이 등장한다. 이것이 아마도 한글 명칭 탄생의 신호탄이었을 것으로 판단된다. 또한 1911년 주시경의 이름으로 발부된 수료 증서에서 '한말'이라는 표현이 나오면서 '국어'보다는 더 구체적인 우리말 표현으로 자리를 잡았을 가능성이 있었다. 이 명칭이 비록 식민지 시대 초기에 처음 등장하지만, '조선말' 이후로 우리말의 뜻깊은 다른 이름이었다.

그런데 '한말'이라는 표현이 등장한 같은 해에 〈한글모죽보기〉를 보면 '배달말글'이라는 명칭이 나타난다.

> "同年 九月 十七日 國語硏究學會를 배달말글몬음(朝鮮言文會)라 하
> 고 講習所를 朝鮮語講習院이라 하야…"

배달말글의 한자 이름 '朝鮮言文'을 보게 되면 위에서 보는 바와 같이 우리말과 우리 글자를 모두 가리키는 것으로 이해된다. 일본에 나라를 빼앗긴 조선에 대응되는 '배달'을 제안하고 거기에 말글이 붙은

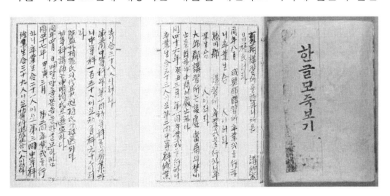

〈한글모죽보기〉

'배달말글'은 식민지 시대에 우리말글의 또다른 새로운 이름이었다. 이것을 통해서 우리 민족의 역사적 정체성을 드러낸 의도였을 것이다.

이 '배달말글'을 대신하는 '한글'이라는 표현은 1913년 3월 23일에 처음으로 나타나며 현재까지 가장 오래된 기록으로 알려져 있다. 〈한글모죽보기〉에 다음과 같이 언급되어 있다.

> 四二四六年 三月二十三日(日曜)下午一時 臨時總會를 私立普成學校 內에 開하고 臨時會長 周時經先生이 昇席하다 … 本會의 名稱을 '한글 모'라 改稱하고……

이는 '배달말글몬음'으로 불려지던 조선언문회의 창립총회의 전말을 기록한 것으로 '배달말글'이 '한글'로 바뀌었음을 알 수 있다. 이전까지는 〈아이들보이〉 잡지(1913.9. 창간)에 '한글풀이'란의 표현에서 처음 등장한 것으로 보았으나 위의 문헌적 근거가 6개월을 앞당긴 셈이다.

'한글'의 '한'은 멀리 '삼한(三韓)'의 '한(韓)'에서 가깝게는 '대한제국'의 '한(韓)'까지를 연상시킬 수 있다는 점에서 '한말'에서 썼던 '한'을 다시 취한 것으로 바라보았다. 그리고 '한글'에서 '글'만으로도 우리의 말과 문자 언어 모두를 포괄할 수 있다는 점에서 당시에 '한글'이라는 우리말글이 선택되었을 것이다. 이를 근거로 '한글'은 훈민정음의 새로운 이름을 넘어 '한국어'의 이칭이라고 부르기도 한다.

그런데 '한글'의 유래를 밝힐 때 '한글'에서 '한'을 '大, 一, 正'과 '한(韓)'의 두 가지로 이해하는 관점이라면, '한글'의 '한'의 의미는 다소 복잡해진다. 대체로 '한'의 정확한 어원이 명시적으로 드러나지 않는 이상, '한글'의 '한'과 관련하여 다양한 의미를 생각하고 추적해 볼 필요도 있다. 그러나 위에서 언급한 역사적 맥락에서 보면 '한글'이라는 이름을 지은 사람은 주시경으로 보는 것이 가장 타당하다.

'한글' 표현은 그 이후 주시경의 후학이었던 김두봉과 이규영 등에 의해 사용되었고 우리 학자들에게는 보편적인 용어로 자리를 잡아갔다. 그 반면에 '조선어', '조선글'은 일제의 입장에서 볼 때는 식민지의 지역 언어의 성격을 띠고 있는 지역에 기반한 명칭이자 '방언'이었다. 우리 입장에서는 그 의미가 식민지 상황에서 격하된 것이었다. '한글'이 그 힘을 얻을 수 있는 역사적, 사회적 맥락은 바로 이 지점과 맞닿아 있었다.

한글 보급 단체의 출범과 활동

을사늑약으로 국권의 일부를 상실했지만, 국어학의 선각자 주시경은 조선 민족의 미래를 예감하면서 다른 한편으로 국어 연구와 국문 보급을 위한 단체를 결성하고 조직하였다. 여러 연구 및 강습 단체에 대한 실상을 정리해 놓은 〈한글모죽보기〉는 이러한 근대계몽기의 국

〈강습원 수료증〉

어 연구 및 국문 보급이라는 문자 생활의 면모를 파악하는 데 도움이 되는 소중한 자료다. 주시경의 제자인 이규영이 작성한 것으로 짐작되는 이 자료는 1907년부터 시작된 '하기국어강습소, 국어연구학회, 조선언문회, 조선어강습원'과 관계된 내용을 하나의 묶음으로 구성한 것이다.

이 기록을 통해서 우리는 1907년 주시경이 처음으로 '하기국어강습소'를 개설하고 국문 보급을 주도한 사실을 확인할 수 있다. 이 기관은 국어 연구 및 국문 보급의 모태였다고 볼 수 있다. 〈한글모죽보기〉에서는 하기강습소의 규칙, 조직, 일정, 졸업 상황, 그리고 졸업 증서 등에 대한 기록 등을 낱낱이 보여주고 있다. 기록만으로는 6회까지 하기 강습이 이루어진 것으로 보인다. 6회 강습이 이루어진 시기는 1914년으로 이때는 이미 '하기국어강습소'의 이름이 '하기조선어강습소'로 바뀌어 있었다. 1910년 경술국치 이후 우리말글의 위상이 격하된 상황을 대변해 주는 것이었다.

하기국어강습소를 시작으로 1908년에는 국어연구학회가 창립되었다. 이 기관 역시 연구 기관이었으나, 국어 및 국문 보급을 위하여 산하 강습소를 두었다. 이 강습소는 후일 국어 연구와 국문 보급을 위한 국어 연구자 및 새로운 강사진을 교육하고 길러내는 역할을 담당하였다. 그 2회 졸업생 중에 김두봉과 최현배가 있었다. 이들은 주시경의 사전 편찬과 국문 보급의 의지와 실천을 계승한 제자들이다. 해방이 된 후 남북이 분단될 때, 김두봉은 북한을 선택했고 최현배는 남한에 남아서 국어 및 한글 연구에 일생을 바쳤다.

또한 〈한글모죽보기〉를 통해서 알 수 있는 것은 국어연구학회가 1911년 배달말글몯음(朝鮮言文會)로, 그리고 1913년 한글모로 바뀌면서 그 체계를 정비해 나갔다는 점이다. 그리고 그 산하 강습소로 조선어강습원이 1911년 설립되었고, 이 강습원은 1914년 '한글배곧'으로 이름을 바꾸었고 1917년까지 지속되었다. 그러한 단체의 변모 과정을 겪으면서 국어 연구와 국문 보급에 매진한 것을 알 수 있다.

1921년에 창립되어 〈한글학회〉의 모태로 알려진 조선어연구회는 1908년 국어연구학회에서 1913년 한글모로, 1911년 배달말글몯음으로 이어지며 변모를 거듭했다. 우리가 알고 있는 〈한글학회〉의 연원을 살펴볼 때, 그 시작은 이미 근대계몽기에서 비롯되었음을 알 수 있다. 이러한 학회의 활동은 당시 국문의 연구와 보급이 주된 것이었고, 다른 한편으로는 한글로 상징되는 우리 문자의 정체성을 지키는 일이기도 했다.

일제가 주도한 표기법

일제에 나라와 국권을 빼앗기면서 조선, 정확히 말하면 대한제국은 사라졌고, 나라의 말과 글의 위상도 추락하였다. 국어는 일본어가 되었고, 우리의 국어는 조선어로 격하될 수밖에 없었다. '한글'이라는 명칭도 한글로 대중들을 교육하는 우리 '조선인'에게만 유효하고 의미 있는 것이었다. 그러나 국어 연구와 국문 보급에 남다른 노력을 기울인 국어학자, 한글학자들에 의해 한글 표기법과 표준어와 같은 규범이 궁극적으로 우리 힘으로 제정될 수 있었다.

식민지를 지배한 제국주의 세력이 피지배 민족의 글과 말을 말살하거나 사용하지 못하게 하는 것은 일반적인 정책이다. 그러나 지배 초기에 일제의 태도는 달랐다. 식민지 시대 어문 정책의 일환이었던 표기법 제정의 주도한 것은 그들이었다. 식민지 조선 민족을 효율적으로 관리하기 위한 고도의 식민 통치 방법 중 하나였을 것이다. 표기법 제정과 같은 어문 정책도 예외는 아니었다.

그 철자법은 1912년 4월에 확정된 〈보통학교용언문철자법(普通學

校用諺文綴字法))이다. 우리의 의지에 의한 것이 아니라 조선총독부 학무국이 주도한 철자법이었다. 한자음은 역사적 표기법으로 하고, 당시 '현대 경성어'를 표준으로 삼아 크게 1) 아래아의 폐기, 2) 된ㅅ의 사용, 3) 받침 10개(ㄱㄴㄷㄹㅁㅂㅅㅇㄹㄻㄼ), 4) 왼쪽 어깨에 1점으로 장음 표시 등을 골자로 하는 내용이었다.

그들이 주관하였으나, 당시 조선의 학자로는 유길준, 어윤적, 강화석 등이 다섯 차례 회의에 참여하여 확정한 표기법이었다. 이 철자법은 당시 조선어에 대한 표음주의적 표기법으로 평가할 만한 것이었으나, 완전한 표음주의는 아니었다. 또한 일제가 주도한 것이었기에 많은 한계를 지니고 있었다. 이 규범은 교육과 사전 편찬 등에 실제로 적용되면서 미진한 부분이 많이 나타나게 되어 수정과 보완이 불가피했다.

그에 따라 당시 학무국은 1921년 2월 철자법 조사회를 설치하고 학무국 안을 바탕으로 심의하여 이 철자법의 개정안으로 〈보통학교용 언문철자법대요(普通學校用諺文綴字法大要)〉를 마련하였다. 크게 1) 왼쪽 어깨 1점인 장음 표시의 폐지, 사이시옷의 표기 위치에 대한 규정(예: 동짓달, 외양깐), 3) 새 받침에 대한 논의(ㄷㅌㅈㅊㅍㄲㄳㄵㄾㄿㅄ), 4) 두음법칙의 무시와 원음 표기 등을 골자로 하는 내용이었다. 이 개정안 중 특이한 사항은 당시 쓰지 않기로 했던 11개의 새 받침 사용을 논의했다는 점이다. 1912년 철자법이 표음주의적 표기법이었다면 그 틀 안에서 형태주의적 표기법을 논의했다는 점에서 이후 철자법 개정의 불씨가 되었다.

1920년대 후반기로 오면서 당시 신문에도 보도된 소위 '철자운동'이 활발히 전개되는 과정에서 구파로 지칭되는 표음주의 지지자와 신파로 지칭되는 형태주의 지지자의 격렬한 대립이 일어났다. 1928년부터 심의된 내용은 1930년 중추원에 넘겨졌으나, 격렬한 반대로 좌절되었다, 그러나 일주일 후 중추원 회의에서 철자법은 전문가의 연구에 맡기는 것이 좋다는 이유로 통과되었다. 이것이 〈언문철자법(諺文綴字法)〉(1930)이다.

분명한 원사의 표시 (예 : 웃음, 깊이……), 사이ㅅ의 도입과 표기 위치 개정 (예 : 동짓달, 일ㅅ군, 문ㅅ자……), 10개 받침 이외의 새 받침 사용(ㄱㄴㄹㅁㅂㅅㅇㄺ ㄾ ㄽㄷㅌㅈㅊㅍㄲㄳㄵㄺㄿㅄ의 21개 사용), 구개음화의 부인 (예 : 같이-갈치, 밭이-밭치), 한자음의 표음화 (예 : 뎍당(適當)〉적당, 회녕(會寧)〉회령), 된소리의 쌍글자 채택 (된ㅅ 표기를 각자병서 'ㄲㄸㅃㅉ'으로 개정함. 예 : ㅺ지〉까지) 등이 주요 내용이었다.

이 철자법은 이전의 규범과 많은 부분에서 달랐다. 형태소의 기본형을 표기하는 형태주의적 표기법이 반영된 사실에서 이전의 표음주의적 표기법에서 벗어난 것이었다. 당시 심의의원의 과반수에 가까웠던 형태주의 지지자의 의견이 반영된 것으로 짐작한다. 이 철자법은 총독부에 의해 강행되고 심의위원 장지영의 〈조선어철자법강좌(朝鮮語綴字法講座)〉(1930)를 비롯한 해설서가 보급되었다. 이 철자법은 실제로 이후에 조선어학회 주도로 마련된 〈한글마춤법통일안〉(1933)의 뼈대를 이루는 기본 바탕이 되었다.

잡지 〈한글〉의 창간과 〈한글마춤법통일안〉의 제정

일제 총독부 주도로 이루어진 철자법 제정과는 달리 우리 국어학자들은 우리말과 글을 연구할 목적으로 1921년 12월 〈조선어연구회〉를 조직했다. 이극로, 최현배, 이윤재, 이병기, 장지영, 김윤경 등이 회원이었고 1927년 2월 10일에 기관지 〈한글〉 창간호를 동인지 형식으로 발간했다. 신명균이 당시 편집 및 발행인이었다. 1928년 통권 9호를 마지막으로 일단 발행을 중단했다가 1931년 1월에 학회 이름이 〈조선어학회〉로 개칭되고 국문 연구 및 보급을 위해서 학술지의 필요성을 느낀 한글학자들을 중심으로 1932년 다시 학술지 형식으로 창간되었다.

잡지 〈한글〉은 일제 말기에 휴간되었다가 해방과 함께 다시 복간되었다. 이 학술 잡지뿐만이 아니라 다양한 잡지들을 통해서 많은 국어학자들이 1920년대부터 해방이 되기 전까지 적지 않은 한글 관련 연구 업적을 양산하였다. 1920년대는 '한글', 혹은 '정음'이라는 이름으로 우리 문자 '한글'에 대한 논설과 연구가 활발하게 이루어진 시기였다.

1930년대는 '한글' 문자 연구를 넘어서 한글 표기법과 관련된 소위 '철자법 논쟁'이 치열하게 지면을 통해서 전개되었다. 당시 국어학자의 한글 연구는 말할 것도 없이 잡지 〈한글〉이 주도하였다. 〈한글〉 잡지의 기관인 〈조선어학회〉는 해방 이후 1949년부터 〈한글학회〉라는 명칭으로 학회 이름이 바뀌어 현재에 이르고 있다.

이 학회의 중심 사업은 조선어문의 연구와 통일, 그리고 강습회와 조선어 정리 등이었고 궁극적으로 당시에 숙원이었던 조선어사전의 편찬에 있었다. 그리하여 1929년 10월 조선어학회에서는 사전편찬회를 조직하였고, 이를 위해 먼저 착수한 것이 철자법, 표준어, 그리고 외래어 표기법의 제정이었다. 이러한 세 가지 규범 제정 사업은 단계적으로 이루어졌다.

1930년 10월에 착수하여 1933년 10월에 완성된 것이 〈한글마춤법 통일안〉이다. 우리 조선인 학자들이 자발적이고 주체적인 입장에서

〈한글〉

이루어낸 기념비적인 표기법이다. 이극로, 김윤경, 이희승, 최현배 등 18인의 위원이 참여하여 위원회, 수정위원회, 소위원회, 정리위원회 임시총회를 거쳐 총론 3항과 각론 7장 65항, 부록으로 이루어진 통일 안이다. 총론의 규정을 살펴보면 다음과 같다.

一. 한글 마춤법은 표준말을 그 소리대로 적되, 어법에 맞도록 함으로써 원칙을 삼는다.

二. 표준말은 대체로 현재 중류 사회에서 쓰는 서울말로 한다.

三. 문장의 각 단어는 띄어 쓰되, 토는 그 옷 말에 붙여 쓴다.

〈한글마춤법통일안〉

〈한글마춤법통일안〉

　위의 一항은 이 규정의 전체적인 원리를 명시한 것으로 '소리대로'의 음소주의적 표기법과 '어법에 맞도록'의 형태주의적 표기법이 모두 수용되어 있었다. 따라서 한글 맞춤법의 대원리는 현실음을 소리대로 적되 이 때에는 '어법에 맞도록' 적어야 한다는 것으로 해석된다. 어법에 맞도록'은 체언과 조사, 용언 어간과 어미, 때로는 어근과 접미사를 적을 때에 각각의 형태소의 기본형을 밝혀 표기한다는 것을 뜻한다. 따라서 구체적 표기에서는 '소리대로'의 원리보다는 '어법에 맞도록'의 원리가 크게 작용하는 것이다.

　총독부 철자법조사위 위원이었던 6인의 위원이 포함된 조선어학회 위원들이 이전의 〈언문철자법〉(1930)의 불철저함을 비판하고 제정한 것으로 형태주의적 표기가 더 철저한 것이었다. 중요한 특징을 살펴보면 아래와 같다.

1) 새 받침의 추가(ㅋ ㅎ ㅆ ㄶ ㄺ ㄻ ㅀ)

2) 구개음화의 인정(밭, 밭이, 굳히다 등)

3) 준ㅎ의 설정(그러ㅎ다, 적당ㅎ지 등)

4) 사이ㅅ의 수정(동짓달, 장ㅅ군 ->〉 동짓달, 장군)

이 〈한글마춤법통일안〉(1933)은 국어 표기법의 중심이 되면서 몇 차례의 수정이 있었다. 1937년 1차 수정안은 1936년 10월 한글날에 '사정한 조선어 표준말 모음'이 발표되자 그에 따라 각 조항에 사용한 말도 모두 사정한 표준말로 고친 수정판이다. 1940년 2차 수정안은 '마춤법'을 '맞춤법'으로 고치고 19항의 '갗후, 낮후, 늦후, 맞후'의 '후'를 '추'로 고쳤고, 30항의 사이시옷을 중간에 쓰고(코ㅅ날), 자음 밑에서도(손ㅅ등) 쓰도록 했다. 7장 띄어쓰기도 일부 용례를 고쳤고 부록 2의 문장부호는 대폭 추가했다.

이 통일안은 해방이 된 후에도 몇 차례의 수정을 거쳐 오늘날 우리가 쓰고 있는 〈한글맞춤법〉(1988)의 모태가 된 표기법으로 어문규범의 역사이자 문자 생활사의 중요한 규정으로 자리를 잡았다. 현재 남북한의 통일 규범을 논할 때, 그 대안으로 떠오를 수 있는 규범이기도 하다. 남북의 규범 차이의 합의는 통일안 시대로 돌아가는 길이고, 그것이 남북한 통일 문자 규범의 지름길일 수 있기 때문이다.

조선어학회 〈한글마춤법통일안〉이 당시에 순탄한 길을 걸었던 것은 아니었다. 실제로 1933년 조선어학회의 〈한글마춤법통일안〉이 정식으로 확정 발표되자 조선어학연구회 측에서는 반대 운동을 조직화하고 이듬해 1934년 2월 15일에 기관지 〈정음〉을 발행하였다.

이 기관지를 통해서 박승빈을 중심으로 그들은 전통적 표기법인 음소주의적 표기법을 살려야 함을 주장하였다. 조선어학회 〈한글마춤법통일안〉의 형태주의적 표기법과는 충돌하는 이견이었다. 〈정음〉을

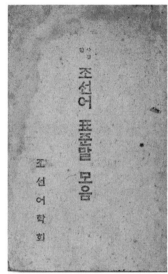

〈정음〉　　　　　　　　　　〈사정한 조선어 표준말 모음〉

꾸준히 발간하면서 1941년 37호를 마지막으로 폐간하기까지 소위 조
선어학회의 〈한글〉파와 치열하게 표기법 문제로 논쟁했다.

이러한 통일안의 제정과 아울러 1935년 1월에 사정하기 시작하여
1936년 10월에 완성하여 공표된 〈사정한 조선어 표준말 모음〉이 채택
되기에 이르렀다. 또한 1931년 1월이 시작하여 1938년에 그 원안이
작성되었고, 1940년 6월에 결정이 이루어졌다. 그후 1941년 1월에 간행
하여 공표된 〈외래어표기법통일안(外來語表記法統一案)〉이 만들어진
것을 마지막으로 어문규정의 제정은 마무리되었다. 그리고 1942년 봄
에는 『조선어대사전』을 출간을 위한 원고가 탈고되었다. 그러나 1942
년 10월 조선어학회 사건으로 해방이 되기 전에 우리 손으로 만든
대사전은 끝내 그 빛을 보지 못했다.

조선어학회 사건이 터지다

조선어학회 사건은 당시 어문규범 제정 및 사전 편찬을 중심으로 우리 어문 사업을 주도했던 많은 국어학자들이 일제의 탄압으로 무고하게 투옥된 사건이었다. 많은 어문 및 한글학자들이 감옥에서 고초를 겪었다. 1942년 8월 함흥 영생 고등학교 학생의 은사였던 조선어학회 회원 정태진이 잡히면서 불거진 이 사건은 같은 해 10월에는 조선어학회를 학술단체를 가장한 독립운동 단체로 규정했다. 그리고 그 죄명으로 학자들을 탄압하고 잡아들이기 시작했다.

1943년 4월 1일 일제는 이윤재, 이극로, 최현배, 김윤경, 이희승, 한징, 이중화, 정인승, 이병기, 정열모, 김선기 등을, 23일에는 김양수, 이은상, 안재홍 등을 검거하였다. 이들은 홍원 경찰서의 유치장에서 1년 동안 갖은 야만적인 고문의 시달림을 받은 끝에 기소되었다. 이극로, 한징, 이희승, 이윤재, 최현배, 정태진, 이극로, 이중화, 김양수, 김도연, 김법린, 이인, 장현식 등 13명만 공판에 회부하고 나머지는 석방되었다. 판결 전에 이윤재와 한징은 심한 고문, 굶주림, 그리고 추위로 옥사하였다. 나머지 11명은 각각 6년에서 2년까지의 징역 판결을 받았다.

이 시대 국어학자들은 한글을 지키고 우리말을 연구한 국어학자이자 다른 한편으로는 어문민족주의자들이었다. 그리고 그들은 우리말과 글을 연구하는 것이 조국의 해방과 독립을 위해 운동하는 것이라 굳게 믿었다. 근대적 학문과 전통적 학문의 갈림길에서 근대적 학문의 소양을 쌓은 그들은 한국 어문 운동사에서 귀감으로 추앙받을 수 있는 선각자들이었다. 이극로를 비롯한 이들은 해방 직후에 모두 감옥에서 풀려났다. 그들이 있었기에 한글은 일제강점기에도 그 정체성을 지켜나갈 수 있었다.

언론사들이 문맹퇴치 운동을 실천하다

이 시대에 한글을 보급하는 데 그 홍보와 교육에 힘을 기울인 기관은 언론사였다. 〈동아일보〉와 〈조선일보〉가 앞다투어 한글을 전파하고 일제에 저항하기 시작했다. 두 신문사는 1920년부터 1930년대 중반까지 자체 기사를 통해서 조선에서 교육용 일본어의 폐지를 주장하였다. 조선 문화의 근간이 되는 조선어 교육, 한글 교육의 중요성을 강조하기도 하였다. 또한 전국 각지에서 벌어지고 있는 한글 보급 운동을 기사로 보도하며 그 중요성을 부각하였다. 그 한글 보급 운동은 조선어학회 회원들이 주도한 것이었다.

1928년 〈동아일보〉가 전개한 '문맹퇴치' 운동과 '글장님 없애기 운동'은 포스터, 신문 광고, 노래 만들기 등으로 이어졌다. 물론 일제는 이 운동을 하지 못하게 했고 결국은 중단되었다. 〈조선일보〉 역시 1929년 '귀향남녀학생 문자보급운동'을 전개했으며 그 성과를 기사화했다. 그것을 통해서 전국적으로 수많은 학생과 일반 사람들이 문맹에

〈한글원본〉

서 벗어날 수 있었다. 1930년대 중반까지 이러한 운동은 대중의 호응을 받으며 지속되었다.

특히 〈조선일보〉는 한글 교육의 일환으로 운동을 전개하면서 〈한글원본〉이라는 교재까지 제작하기도 하였다. 이것은 1929년 이전에 당시 〈조선일보〉 기자, 문화부장, 편집인으로 있었던 장지영 선생이 주관하고 제작한 것으로 보인다. 일제강점기에 한글교육을

〈한글공부〉   〈문맹퇴치가 현상 모집〉

위한 한글반절표의 성격을 띠고 있었다. 또한 〈文字普及班(문자보급
반) 한글원본〉도 장지영 선생이 만들어 〈조선일보〉에서 간행하고 보
급하였다. '한글 자음과 모음, 반절표, 한글 받침, 문장 예시, 흥부에
대한 이야기' 등으로 구성되어 있었고, 당시 문맹을 극복하는 학생
및 일반 사람들에게 많은 도움을 준 교재로 평가받고 있다.

또한 1933년에는 〈한글마춤법통일안〉과 거의 유사한 교재들이 두
신문사에서 간행되었다 〈학생계몽대용(學生啓蒙隊用) 한글공부〉는
이윤재 선생이 짓고 〈동아일보〉에서 간행하였다. '홀소리, 닿소리, 한
글 음절 연습. 문맹퇴치가'로 구성돼 한글 교육 및 문자 보급에 기여했
다. 〈동아일보〉도 1933년에 〈신철자편람〉을 간행하였는데 말 그대로
새로운 철자법을 구철자법과 대조하여 소개하고 설명하는 교재였다.

이러한 언론사의 한글 보급 운동은 단순히 문자 보급의 차원에서
머물러 버릴 수 없는 어문민족운동이었다. 일제가 교육을 장악하고
있는 상황에서 국어 교과서를 통한 조선어 및 한글 교육, 특히 문맹퇴

치의 길은 간단한 일이 아니었다. 따라서 이윤재, 장지영 같은 한글학자들이 당시 대중의 호응을 얻고 있었던 언론사를 통해서 한글 교육을 위한 교재를 보급하고 운동을 벌인 것은 어문운동사에서 대단히 뜻깊고 대중적인 한글 교육 활동이었다.

한글 기반 어학서의 등장

이 시대도 조선인들을 중심으로 한글 기반 '조선어 문법서'가 다수 간행되었다. 근대계몽기에 출간된 문법서보다 더 발전된 형태였고, 내용도 정교해졌다. 근대계몽기를 이끈 학자들뿐만이 아니라 조선어에 관심을 가지고 열정적으로 조선어와 한글을 연구한 다수의 후발 학자들이 등장하였다. 식민지 시대임에도 불구하고 우리 스스로 근대 교육에 힘쓴 결과였다.

주시경은 『국어문법』(1910)에 이어 그가 세상을 떠나기 직전에 『말의 소리(1914)를 저술하였다. 이 책은 1913년에 저술된 것으로 추정되는 『소리갈』(1913년경)과 내용상 유사한 점이 많아 그것을 수정하고 보완한 것으로 보인다. 부록은 제외한 전체가 한글전용으로 쓰였다. 책의 내용은 음의 성질, 자음·모음의 분류와 배열, 음소(고나)의 설정과 분석, 음운의 변이, 음절, 덧운소 등에 대한 것으로 음운론 연구서라고 볼 수 있다.

그가 1914년에 서거한 후 약 20

『말의 소리』

년만에 신명균 편에 의해『주시경선생유고(周時經先生遺稿)』(1933)가 탄생하였다. 이 책은 주시경의 3대 업적으로 평가받는『국어문전음학』(1908)이『조선어문전음학』으로,『국어문법』(1910)이『조선어문법』으로 그 제목이 바뀌었다.『말의소리』(1914)는 원래 제목을 유지한 채 3권을 한데 모아 한힘샘을 기리고 추모하기 위해 제작된 헌정이었다. 불행하게도 식민지 시대에 간행된 탓에 어학서의 본래 제목으로 출간되지는 못했다. '국어'와 '한글'이 '조선어'와 '조선문자'로 격하된 비정상의 시대였다.

그밖에도 주시경의 제자인 이규영의『말듬』(1913), 김두봉의『조선말본』(1916)도 한글 관련 중요한 업적이었다. 이규영은 한힌샘과 함께 조선어사전 원고인 〈말모이〉를 편찬하고 그 원고를 남겼다. 그 편찬 작업을 함께 한 김두봉은 주시경의 유지를 계승하면서 〈말모이〉의 문법 부분을 정리하기 위해『조선말본』을 저술하였고 그 수정증보판인『깁더조선말본』(1923)을 간행하였다. 이 모든 것은 주시경 제자들의 국어 연구와 한글에 대한 열정의 결과였다.

그 밖에서도 김윤경의『조선말본』(1925)도 주시경의 문법 체계를 계승하고 발전한 문법서였으며, 비록 잡지 〈한글〉에 실린 글이지만, 정렬모는 (1927, 1928) "조선어문법론"을 연재하기도 했다. 그의 문법은 일본 문법과 서구 문법이 혼합된 것으로 해방 후에 북한 문법의 근간이 되었다. 외솔 최현배 역시『우리말본 첫재매』(1929)를 연희전문출판부에서 간행한 후 그의 역작인『우리말본』(1937)을 완성하였다.

그의 한글관과 문법은 현재까지 우리 학계에 큰 영향을 미치고 있다. 철자법 문제와 관련하여 최현배나 조선어학회에 반기를 들었던 박승빈은 1935년에 조선어학연구회에서『조선어학』을 간행했다. 그의 문법은 그 시대의 주류는 아니었으나, 당시 조선어와 한글을 바라보는 독특한 시선이었다.

이극로, 이숭녕, 양주동 등의 국어학자들을 중심으로 음성학, 서구 음운론, 그리고 차자표기인 향찰로 구성된 향가 해독에 대한 연구 등이 이루어졌다. 식민지 시대인 만큼 조선인 출신 연구자 말고도 조선어와 조선 방언을 연구하는 일본인 학자들의 조선어 및 한글 연구도 적지 않았다. 이에 자극을 받은 양주동은 1935년부터 신라 향가 연구에 매진하여 일본인 학자 오쿠라 신페이(小倉進平)의 연구를 반박하기도 하였다.

김윤경은 훈민정음에 바탕을 둔 문자 및 한글 연구에 몰두하면서 『조선문자급어학사』(1938)을 저술하였다. 이 저술은 훈민정음을 중심으로 구성된 근대 어학사 문헌으로는 최초에 해당한다. 특히 서양 언어 및 문자, 차자표기, 훈민정음, 그리고 훈민정음을 연구한 연구자들에 대한 체계적인 정리를 보여주는 연구서로 한글 및 한글 연구 변천사로 평가받는 역작이었다. 이 시대가 저물어갈 무렵에는 국어 및 국문의 역사를 연구하는 깊이 있는 논문들이 홍기문, 전몽수, 방종현 등에 의해 발표되었다.

식민지 시대에는 우리말뿐만이 아니라 우리 문자인 훈민정음에 대한 논문과 연구도 적지 않게 양산되었다. 그 외중에 원본 『훈민정음(해례본)』이 1940년에 발견되면서 국어학 연구자들에게 큰 주목을 받았다. 어문민족주의적 경향이 강했던 연구자들은 식민지 시대에도 자신이 관심을 가지고 있는 조선어 문법과 한글 연구에 집중하였다. 이들의 열정과 노력은 개인적인 학문적 욕심의 발로이기도 했지만, 궁극적으로 말과 글로 우리의 정체성을 지키고자 하는 어문 민족 의식이 깊숙하게 그들의 머리 속에 내재하고 있었던 결과였다.

국어사전을 편찬하다

1910년 직후 주시경이 계획한 사전 편찬 사업은 최남선이 세운 조선
광문회에서 시작하였다. 이 단체의 설립 취지는 수사(修史), 입학(立
學), 이언(理言)과 관련된 것이었다. 그리고 이 이언의 실천 방안은
단일어 사전의 편찬과 문법 정리였다. 이에 따라서 조선광문회에서는
사전을 만들기 위해 1911년부터 〈말모이〉를 편찬하였다.

〈말모이〉는 사전을 뜻하며, 주시경은 그의 제자들인 권덕규, 이규
영, 김두봉과 함께 편찬의 업무를 맡았다. 사전 원고는 거의 완성되었
으나, 실제로 출간되지는 못했고 그 원고의 일부가 현재 남아 있다.
이 원고가 간행되었다면 고유어 및 외래어에 전문어를 포함한 최초의
순수한 국어사전이자 우리말 단일어 사전이 될 수 있었다. 지금 전하
는 그 원고는 가로 풀어쓰기로 되어 있었고 '알기, 본문, 찾기, 자획

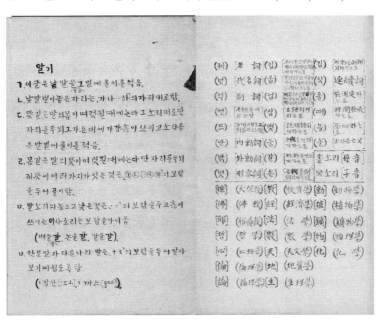

〈말모이 원고〉

〈말모이 원고〉

찾기'의 구성을 보여 주었다.

'알기'는 일러두기, 혹은 범례에 해당하는 것으로 표제어의 배열, 외래어 표시 방법, 전문 용어의 약호를 규정하고 있다. 본문은 현재 그 첫째 권으로 짐작되는 'ㄱ'항의 '가~갈죽'까지의 원고가 일부 남아 있다. '찾기'는 표제어에 대한 색인이며, '자획 찾기'는 표제 및 본문 속에 노출된 한자어의 획수 색인이다. 주목할 만한 것은 어미와 조사 따위의 토씨를 독립된 품사로 설정하고 있다는 점이다.

조선인이 주도적으로 편찬하여 간행된 최초의 국어사전은 심의린이 편찬한 『보통학교 조선어사전』(1925)이었다. 이 사전은 1925년 10월 초판이, 1928년 2월에 재판이 발행되었으며, 1930년 4월에 3판이 발행되었다. 백과사전적인 성격도 있었으나, 언어 사전에 속하는 것으로 당시의 초등학교 학생들을 위한 실용 목적의 조선어 학습 사전이었다.

『보통학교 조선어사전』　　　　　　　　『조선어사전』

　『조선어사전』(1938)은 조선어사전편찬회 발기인의 한 사람이었던 문세영이 조선총독부의 『朝鮮語辭典』(1920)을 대본으로 하여 편찬한 것이다. 총독부의 사전은 조선어 표제어에 일본어 주석이었다. 그러나 약 10만 어휘에 해당하는 표제어를 수집하고 그에 대한 주석이 반영된 『조선어사전』을 개인이 완성했다는 점에서 놀라운 일이며, 그 역사적 가치는 높다고 하겠다.

　기본적으로 언어 사전의 성격이기 때문에 고유어 조선말과 이두, 한문으로 된 말, 기타 외국에서 들어온 말과 학습에 필요한 용어를 모두 포함하고 있다. 당시 〈조선어학회〉의 한글학자 이윤재가 많은 도움을 준 것으로 알려져 있다. 『보통학교 조선어사전』이 실용적인 학습 사전이라면, 이 사전은 인쇄된 최초의 국어사전이었다.

　권위 있는 단체가 조선어 대사전을 만들기 위한 노력은 1929년 10월 31일 조선어사전편찬회가 조직된 이후부터 구체화되었다. 1933년에 〈한글마춤법통일안〉이 제정되고 조선어학회의 주도로 마무리되면서 조선어사전편찬회는 사전 편찬 사업을 1936년부터 조선어학회에 넘겼다. 그 후 조선어학회는 〈사정한 조선어 표준어 모음〉, 그리고 〈외래어표기법통일안〉을 차례로 공표하고 1942년까지 최초의 대사전으로 기록될 『조선말 큰 사전』의 원고를 탈고한 것으로 보인다.

그러나 그 해 10월 조선어학회 사건이 터지고 당시 한글학자들이 투옥되면서 사전 간행을 위한 일이 무산되었다. 해방이 되기 전까지 대사전은 그 빛을 볼 수 없었다. 그러나 조선어학회 사건의 증거물로 일본 경찰에 압수되었던 『조선말 큰 사전』 원고는 1945년 9월 8일 극적으로 경성역 조선통운 창고에서 원고지 2만 6천 5백여 장 분량으로 발견되었다. 그리고 해방 후에 이 대사전은 우리 힘으로 간행될 수 있었다. 한글의 시대가 열리는 서막이었다.

4. 한글 시대가 열리다

『조선말 큰 사전』의 탄생

1945년 조선에 해방이 찾아왔다. 그러나 불완전한 해방이었다. 단일한 국가는 수립되지 않았고, 교육 기관도 제대로 정비가 되지 않아 혼란의 연속이었다. 미군정 시대를 겪으면서 좌우 이념의 대립이 극에 달했고, 지식인은 물론이고 일반 민중들도 좌우로 갈렸다. 그러나 우리 말과 글을 되찾았기에 그에 맞는 사전 편찬, 한글 교육 등은 우리의 정체성을 회복하는 과정에서 절실한 것이었다. 흔들리는 시대였지만, 무엇보다도 국어학자들의 힘과 열정은 한글의 시대를 여는 기폭제였다.

해방 이후는 개인이 편찬한 의미 있는 사전이 간행되었다. 대사전의 출판과 함께 소사전도 필요했기 때문이다. 개인들이 직접 들고 사용할

『표준조선말사전』 『조선말큰사전』

수 있는 소사전은 1947년 12월 서울 아문각에서 『표준조선말사전』으로 출판되었다. 『조선말 큰 사전』 편찬에 참여한 이윤재와 김병제가 엮은 것으로 소규모 규범 사전의 성격이었다. 이윤재의 사위였던 김병제의 월북으로 재판부터 엮은이의 이름과 머리말이 지워지고, 책명도 『표준한글사전』으로 바뀌었다.

해방 이전부터 대사전의 집필과 편찬은 시작되었다. 〈한글마춤법통일안〉이 제정되고 〈사정한조선어표준말모음〉이 공표되면서 사전 편찬 작업은 속도를 내기 시작했다. 1936년 조선어학회로 그 편찬 주체가 넘어간 후 전임 집필위원으로 이극로, 이윤재, 정인승 등이 그 책임을 맡았다. 해방 후에 정인승, 이극로, 김병제, 이중화, 정태진 등이 편찬원으로 참가하였다.

이 원고를 바탕으로 조선어학회가 편찬한 『조선말 큰 사전』 1권이 1947년 10월 9일 을유문화사에서 간행되었다. 사전 편찬 사업의 첫

결실이었다. 이후 조선어학회가 한글학회로 그 명칭이 바뀌면서 3권부터는『큰 사전』이라는 책명으로 1957년까지 총 6권이 완간되었다. 1956년 4월부터는 권승욱, 유제한, 김민수 등도 편찬 작업에 참여하면서 1929년부터 약 30년에 걸친 사전 편찬 대장정이 마무리되었다.

우리말글 살리기의 노력

사전 편찬과는 별도로 해방과 함께 당시 표기법 정비 작업의 일환으로 1948년 〈들온말 적는법〉이 제정되었다. 해방 이전에 제정된 조선어학회의 〈외래어표기법통일안〉(1940)에 대한 개정이었다. 이 규범은 통일안과는 달리 한글 자모 이외의 글자와 부호를 사용하게 되어 '새 글자나 부호를 쓰지 아니한다'는 당시 맞춤법 통일안의 60항의 원칙을 어긴 것으로 결국 그 표기법은 실패로 돌아갔다.

『글자의 혁명』(1947)은 당시 문교부 편수국장에 있었던 최현배의 저서로 당시 국어 정책에 관한 저자의 의견이 담긴 언어 정책 관련 책이었다. 내용은 크게 두 가지였다. '한자 안 쓰기'와 '한글 가로쓰기'가 그 핵심이었다. 한자 폐지를 주장한 것은 한글 전용론으로 발전하였고, '한글 가로쓰기'도 당시의 세로쓰기 관행을 뛰어넘는 것이었다. 한글전용론은 그 이후 많은 논란을 거쳐 현재까지 계승되었고, '한글 가로쓰기' 역시 그 이후 점진적으로 우리의 언어생활

『큰사전』

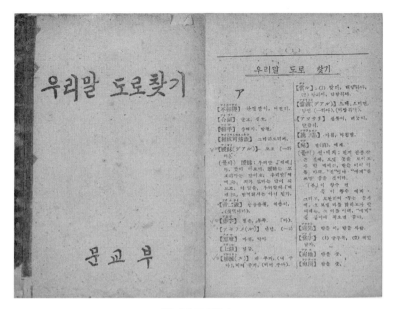

『우리말 도로찾기』

에서 정착하였다.

　또한 우리말에서 일제의 잔재를 없애야 한다는 취지로 국어순화
운동이 전개되었다. 문교부가 관여하고 새로 만드는 교과서에 반영하
기 위한 목적이었다. 구체적인 순화운동은 1948년 문교부 편수국에서
제작한 책자『우리말 도로찾기』였다. 이미 잡지 〈한글〉이나 여러 한
글 강습회에서 왜색이 짙은 용어를 없애자는 의견들이 지배적이었고
정부가 정책적으로 개입한 것이었다. 새로운 시대에 걸맞은 운동이었
으나 문법 용어의 ‘순수한 우리말’까지 확대되면서 나중에서는 복잡한
양상으로 전개되기도 하였다.

　해방이 되면서 한글은 그 힘을 발휘했다. 우리말과 글을 되찾으면서
『조선말 큰 사전』과 같은 성과를 얻었으며, 한글 중심의 문자 생활이
정착되기 시작하였다. 그리고 일제의 잔재를 없애는 운동을 통해 우리
말을 되찾는 노력을 경주하였다. 1948년 제한국회에서는 ‘한글 전용에

관한 법률'을 제정하고 '한글 전용'의 법적 효력을 공식화하였다.

한글 교육과 국어 교과서의 등장

해방 후 당시 조선의 한글 교육은 크게 두 방향으로 전개되었다. 조선어학회의 연구자들의 국어강습회가 한글 교육의 한 축이었고, 다른 한 축은 미군정이 건국 준비 과정에서 국어 교육에 본격적으로 개입하면서 추진한 국어 교과서의 간행과 국어 교육이었다. 전자는 민간 학술 단체가 주도한 소위 철자법 교육이었다면, 후자는 미군정이 임시 행정기관의 역할을 하면서 국어 교과서를 만들고 각 학교에 보급했던 국어 및 한글 교육의 상황이었다. 그러나 이 역시도 실질적 업무는 조선어학회로 넘어왔다.

조선어학회의 국어강습회는 개정한 〈한글맞춤법통일안〉(1940)을 교재로 삼아 진행한 맞춤법 교육이었다. 36년간 일제에 의해 일본어 중심의 교육을 받아서 한글을 몰랐던 당시 학생과 교원, 일반 지식층에게 우리글에 대한 규범을 가르치는 일은 민간 학술단체인 조선어학회의 주요한 과제이자 실천활동이었다. 이 사업을 위한 강사 배출은 시급한 과제였다.

국어 강습이 끝나면 국어 강습회에 참여한 사람들이 국어 강사 자격 검정을 거치게 되어 있었다. 그리고 1945년 9월에 검정시험을 통과한 국어 강사들이 배출되고 합격증을 받았

〈국어 강사 합격증서〉

다. 300여 명의 응시자 중 39명을 선발했고 그들은 당시 전국 각지에 파견되어 다양한 계층의 사람들에게 한글을 가르쳤다. 약 1년간에 걸친 한글 교육 강습의 성과는 여러 지역에서 빠르게 이루어졌다. 당시에 다양한 사람들이 익히고 배웠던 〈한글맞춤법통일안〉은 남북이 분단되기 전까지 통일된 규범으로 역할하였다.

해방과 함께 미군정기, 건국준비기는 혼란의 연속이었다. 국어와 한글에 대한 수요는 폭발적인 요구였으나 정식 정부가 구성되지 못한 상태에서 미군정은 임시 행정 기관의 역할을 하고 있었다. 그들은 권위 있는 민간 학술단체에 국어 교과서 편찬을 위임할 수밖에 없었다. 그리하여 1945년 11월 탄생한 국어 교과서는 『한글첫걸음』이었다. 발행은 군정청 학무국이었고 편찬자는 조선어학회였다. 이 교재는 일반인을 대상으로 제작된 한글 교육의 대표적인 교제이다. 한글 습득은 전통적인 반절식 음절 구성 원리를 따랐다. 전체적으로 기본 자모에서 받침, 문장, 이야기로 이어지는 구성이었다.

이 교재를 배우고 난 후에는 이 시기에 가장 대표적인 국어과 교재인 『초등국어교본』 상(1, 2년용)으로 이어졌다. 1945년 12월에 간행된 이 교재도 역시 간행 주체는 군정청 학무국이었고 편찬자는 조선어학회였다. 다만 이 교재에서 한글을 배움의 시작은 전통적인 반절식이 아니라 자모식 학습 방법이었다. 연이어 이듬해 4월과 5월에 『초등국어교본』 중(3, 4년용)과 『초등국어교본』 하(5, 6년용)이 발행되었고 이 교재의 편찬자들 역시 조

『한글첫걸음』

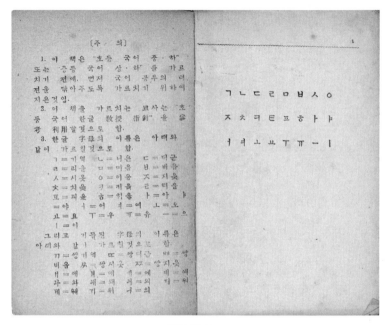

『한글첫걸음』

선어학회 회원들이었다.

이런 국어 교과서의 발행에 이어 『초등국어』(1946.10~1949.12)는 학기제가 만들어진 후에 순차적으로 1학년부터 6학년까지 전 12권이 미군정청 편수국과 문교부의 이름으로 간행되었다. 특히 '바둑이와 철수'로 알려진 「초등국어」 1-1는 이야기 학습법에 따라서 12개 단원이 하나의 이야기 형식으로 이루어져 있는 흥미로운 구성이었다.

당시에는 초등교재만이 필요했던 것이 아니었다. 동시에 중등 교재가 출간되었는데 『중등국어교본』이 상·중·하로 1946년에 편찬 및 간행되었다. 중등 교재의 성격이기 때문에 초급 한글 교육이라기보다는 다양한 읽기 지문이 수록되었다. 초등 교재와는 달리 독본 중심의 성격의 국어 교과서라고 할 수 있다. 이어서 미군정에서 정부 수립 건국 준비기 막바지인 1948년 1월에 『중등국어』 교과서가 문교부 발

『문맹퇴치인민독본』

행으로 출간되었다. 학교 교육을 받을 수 없는 일반인들을 위해 『문맹
퇴치인민독본』 역시 이 시대에 나온 한글 교육 관련 문헌이었다.

　미군정이나 정부 수립 이후 문교부가 주도하여 간행한 국어 교과서
는 그 당시 민간 학자들이 실질적으로 편찬한 것이었다. 개인들도 민
간 출판사에서 자신의 이름으로 국어 교과서를 발행할 수 있는 자유로
운 시기였으나, 혼란의 시대이기도 했다. 이러한 문헌들은 우리말과
한글 교육의 지침이 되었고 한글이 다시 우뚝 설 수 있었던 근간이었
다. 그리고 이 국어교과서들은 국어교육사의 소중한 민족어 교육의
기본 자산들이었다.

남한의 한글 파동과 북한의 문자 개혁

해방 이후 〈통일안〉 표기법이 자연스럽게 수용되면서 전 국민의 문맹률이 높았던 이 시기에 이 표기법은 다양한 방식으로 교수되었다. 심지어 스님들조차 우리말 표기법을 몰라서 조선어학회 주도로 조선어강습소가 현장에서 개최되기도 하였다. 이 통일안은 최소한 미군정기에 교육을 위한 표기법으로 승인된 권위 있는 철자법이었다. 그러나 남과 북은 분단의 길을 걷게 되었고, 각자의 어문 정책의 방향도 같을 수는 없었다. 우리는 한글 맞춤법과 관련하여 〈통일안〉을 계승했지만, 북한은 자체 어문규범을 새롭게 정비하고 있었다.

분단 초기에는 남한의 어문규범이 어느 정도 북한에 영향을 주었지만, 1950년이 지나고 북한은 1954년 그들만의 규범을 마련하였다. 그런데 남과 북은 규범을 정비하고 실천해 가는 과정에서 각각 큰 진통을 경험했다. 남한에서는 1953년 소위 '한글 파동'이 일어나 큰 반향을 일으키며 표기법이 정치에 휘말렸다. 북한도 예외는 아니어서 급하게 추진한 문자 개혁은 그들의 정치 논리에 따라 무산되고 지식인들은 숙청되었다.

'한글 파동'을 겪다

철자법은 쉬워야 한다는 생각과 과거 철자법에 대한 동경으로 일방적으로 추진되면서 벌어진 사건이 소위 "한글 파동"이다. 1953년 4월 27일 '정부에서 사용하는 문서에 구 철자법을 사용하라'는 국무총리 훈령 제8호의 공포로 사회 전체에서 치열한 논쟁이 불붙었다. 1954년 당시 이승만 대통령이 종래의 정서법을 사용한다는 담화문을 발표하면서 논란을 증폭시켰다. 핵심은 형태주의에서 표음주의로의 전환이나 다름이 없었다.

대통령의 지시에 따라 1954년 7월 문교부는 「한글 간이화안」을 공포하였다. 'ㄱ ㄴ ㄷ ㄹ ㅁ ㅂ ㅅ ㅇ ㄹㄱ ㄹㅁ ㄹㅂ' 11받침만을 쓰던 1921년 〈언문철자법〉과 비슷한 표음주의안이었다. 그러나 철자법을 쉽게 하자는 이승만 정권의 실천은 과거 회귀의 고집스러움만이 남아 있었다. 독실한 기독교 신자였던 이승만은 자신이 처음에 배운 표기법에 대한 집착이 있었다. 표음주의 방식으로 한글 표기법을 배운 그는 권위 있는 국어학자들의 반대에도 불구하고 옛날 철자법을 밀어붙였다. 전문가들의 의견을 무시하고 엉뚱한 방향으로 어문 정책을 추진한 잘못된 국문관, 문자 의식의 발로였다.

공교롭게도 이 한글 간이화 방안을 추진한 세력은 대체로 식민지 시대를 편하게 누렸던 이선근 등의 관료들이었다. 그에 반대힌 전문가 집단은 일제에 저항한 세력으로 최현배, 이희승 등의 어문민족주의 세력이었다. 간이화의 명분은 프랑스, 터키 등의 문자 개혁 모범을 따라야 한다는 것이었으나, 표기법 관련 어문 정책에 대한 깊이는 없었다.

결국 미국의 언어학자 사무엘 마틴(Martin) 교수가 〈통일안〉을 지지하는 전문가 집단의 손을 들어주면서 정부는 물러나기 시작했다. 간이화 철회의 원인은 당시에 예일대학 교수였던 사무엘 마틴(Martin) 교수의 형태주의 지지가 결정적이었다. 이 파동은 전통적 표기법에 기울어진 보수성과 형태주의에 대한 몰이해가 빚어낸 사건이었다. 대통령은 민중이 원하는 대로 하겠다고 발표함으로써 약 2년에 걸친 한글 파동은 일단락되었다.

한글 간이화로 요약되는 정부안은 과거로 돌아가자는 것임과 동시에 일제가 식민지 시대에 추진하고 제정한 표기법 정책의 계승으로 오해를 받을 수 있는 것이었다. 또한 이 파동은 조급한 행정력이 감행한 정책적 실수였다. 언어정책 기관이 부재한 상태에서 벌어졌던 오류로 한 나라의 언어생활에 엄청난 혼란을 줄 뻔했던 큰 사건이었다. 그 이면에는 정치가 개입되고 있었다.

일반 국민들을 위해서 철자법을 쉽게 재정비하자는 것은 의미 있는 어문 정책이 될 수도 있다. 언어 및 문자 생활의 측면에서 국민들이 쉽게 익힐 수 있는 맞춤법을 만드는 일은 좋은 일이기 때문이다. 한글 문맹이 적지 않았던 당시에 쉬운 철자법으로 전환하는 것은 매력적인 어문 정책일 수 있었다. 그러나 철자법을 쉽게 고치자고 하는 의도에는 언제나 순기능과 역기능이 존재한다. 이 간이화 방안에 가담한 사람들 중에 전문가는 거의 없었고, 설득력 있는 대안도 부재했다.

이 한글 파동은 수십 년간 학계에서 정비해 온 철자법이 의미하는 맥락을 이해하지 못한 단편적인 생각과 효율성만을 강조한 실용주의 등이 낳은 참사였다. 정치적 힘을 가진 세력이 개입한 것으로 그 이전의 형태주의와 표음주의의 대립과는 그 성격이 달랐다. 결국 한글 표기의 궁극적 방향은 형태주의의 확립이었고, 그 지향은 대체로 바른 것이었으며 정상으로의 회귀였다.

문자 개혁의 이상과 실패

비슷한 시기에 북한에서도 문자 개혁과 연관된 사건이 벌어졌다. 이 개혁을 주도한 이는 김두봉이었다. 그는 주시경의 제자였고 한힌샘이 품고 있었던 풀어쓰기에 대한 믿음이 남달랐던 인물이었다. 그리고 이미 식민지 시대에 간행한 『깁더조선말본』에서 자신만의 문자 개혁안을 가지고 있는 한글학자이기도 했다. 해방 이후 사회주의 북한을 선택한 그는 문자 개혁을 제대로 진행하여 형태주의 원칙에 충실한 전면적인 철자법 개정을 원했다. 그 핵심 중의 하나는 바로 '풀어쓰기'

였다. 해방 후에 남쪽에서도 최현배를 중심으로 한때 시도되었던 것으로 알파벳과 같은 '라틴문자의 적기법'을 따르는 방법이었다.

그는 이미 1948년 1월 9일 김일성 대학에서 '조선어 신철자법'에 대한 이론을 발표하였다. 같은 해 1월에 〈조선어문연구회〉에서 '조선어 신철자법'을 발표할 때는 자신의 문자개혁안을 보고하면서 어문정책에 반영하려고 노력하였다. 그러나 이 신철자법은 실행되지 못하였고 1954년 북한의 어문규범이 나오면서 조선어 신철자법에 대한 논의는 수그러들었다.

그러나 북한 내무국 부수상이었던 김두봉은 문자개혁에 대한 미련을 버리지 못했다. 그의 어문 지식과 자신의 정치적 힘을 믿었던 것으로 보인다. 이에 1956년부터 문자 개혁에 관한 논의가 북한의 어문학자들을 중심으로 다시 일어났다. 그러나 1956년 〈력사적 조선로동당 제3차 대회와 조선어문학도들의 과업〉에서 김두봉이 일관되게 주창한 풀어쓰기 문자개혁에 대한 비판이 노골화되었다. 당시는 연안파 숙청의 계기가 되었던 소위 '종파 사건'과 연계되면서 이 개혁안은 힘을 얻을 수 없었다. 그리고 연안파 김두봉은 김일성에 의해 정치적으로 제거되었다.

그의 문자개혁안은 이상적이었다. 다른 한편으로는 세종이 훈민정음을 창제한 이래 유지되었던 모아쓰기에 대한 반동이었다. 1950년 전후로 남한에서도 서양 알파벳과 같은 음소문자 한글에 주목하면서 한자 폐지, 철자법의 단순화, 기계화의 용이성, 타자기와의 관계성 등을 거론하며 풀어쓰기의 장점이 열거되었다. 이에 대한 활발한 논의가 이루어지기도 하였다. 남북 모두 오랜 관습을 바꾸는 것은 불가능한 것이었다. 가로 풀어쓰기와 한글 간이화를 추진하려 했던 남한의 '한글 파동'과 함께 유사한 실패 사례가 비슷한 시기에 북한에서도 벌어진 상황이었다.

김두봉이 오랜 기간 품고 있었던 문자 개혁의 이상은 사라졌다. 그리하여 북한에서도 더 이상 문자 개혁에 대한 논의는 자취를 감추게 되었다. 이에 대한 문제를 제기하는 것은 반동으로 취급을 받았다. 특히 1964년 이후에 김일성의 절대적인 교시가 발표되면서 이 문자 개혁의 시도는 북한의 어문 정책 관련 문헌에서 항상 비판적으로 다루는 반통일 정책으로 규정되었다. 남북이 통일되지 않은 상황에서 그러한 개혁은 이상론에 불과하다는 인식의 반영이었다.

어문학자들은 근대와 식민지 시대를 겪으면서 한글로 배우고 저항했고 한글을 통일했다. 19세기말 국문이 되었기 때문에 그 표기법의 정비가 필요했고 그것을 담을 사전도 시대가 요구했다. 그리고 언중들의 교육을 위하여 한글은 문맹 퇴치에 기여했다. 한글의 저항은 일제 강점기에 어문민족운동의 일환이기도 했다.

식민지 시대에 한글은 한자와 일본어에 밀려 위기에 몰렸으나 다시 당당하게 부활했다. 그러나 해방을 제대로 경험하지 못한 채 한글은 당시 조선어와 함께 분단되었다. 그리고 남북이 각자의 규범을 제정하고 언어정책을 펼치는 과정에서 한글은 진통을 겪었다. 한글은 이제 온전히 우리의 품으로 돌아왔으나, 다시 통합해야 할 숙제를 안게 되었다. 근현대사 속에서 한글은 끊임 없는 영욕의 세월을 경험하지 않을 수 없었다.

IV. 한글의 통일과 세계화 시대

1. 남북이 하나 되는 한글을 위하여

남북의 분단과 한글의 균열

해방 후 남북은 국제 정세의 소용돌이 속에서 이데올로기의 대립으로 분단되었다. 미국과 소련의 신탁통치를 받게 된 조선은 38선을 기준으로 분할되었다. 남쪽은 자연스럽게 미군정이 들어섰고 우리의 민족어인 조선어는 다시 제대로 부활하지 못했다. 남쪽은 공식 언어는 조선어가 아니라 영어였다. 다음은 1945년 9월, 미군이 한반도에 입성했을 때 발표한 조치에 대한 맥아더 포고령 제1호 중에서 언어에 대한 규정은 5조이다.

Proclamation No. 1

To the people of Korea :

Article V

For all purposes during the military control, English will be the official language. In event of any ambiguity or diversity of interpretation or definition between any English and Korean or Japanese text, the English text shall prevail. (군사적 관리를 하는 동안에 모든 목적을 위한 공식 언어는 영어이다. 영어 원문과 조선어 혹은 일본어 원문 사이에 해석 혹은 정의에 관한 모호함과 부동한 점이 있을 때는 영어 원문에 따른다.)

훈민정음은 1894년 국문의 지위를 부여 받고 우리의 언어 및 문자 생활에 큰 역할을 했다. 그리고 다시 한글로 탄생했지만, 식민지 시대를 경험하는 과정에서 위축되었다. 해방은 우리의 언어와 문자의 복원을 1948년까지 온전하게 허락하지 않았다. 우리말과 글의 교육이 이루어졌지만, 남쪽은 영어와 영문이 공식 언어로 자리를 잡았다.

남북이 각자 정부를 수립한 1948년 이후 남북의 언어도 단절되었다. 서로 소통은 가능했지만, 한국어와 조선어로 나뉘게 되었다. 이러한 언어의 분단은 시간이 지나면서 어문 규범의 차이를 가져왔다. 맞춤법을 포함한 남북의 언어 규범이 제 갈 길을 가 버린 것이다. 같은 훈민정음을 공유하고 식민지 시대까지 조선은 같은 한글로 언어 및 문자 생활을 영위했다. 그러나 남북에게 해방과 독립은 좋은 것만은 아니었다. 남북은 서로 달리 우리말을 적었고, 그것을 적기 위한 다른 규범을 현재까지도 고수하고 있다.

다르고도 같은 남북 맞춤법 총칙

1933년에 우리의 힘으로 〈한글마춤법통일안〉을 제정했다. 비록 식민지 시대에 만들어진 것이지만, 단일한 통일 규범이었다. 그러나 남북의 분단은 어문규범의 차이를 가속화시켰다. 대체로 남쪽은 1948년 이후도 이 통일안을 계승하였다. 그러나 북한은 독자적인 규범의 길을 걸었다. 북한에서 '맞춤법'이라는 용어는 남쪽에서처럼 표기법 전체를 가리키는 용어이면서도 띄어쓰기를 제외한 글자 적기에 한정해서 사용되기도 한다. 남북 맞춤법의 총칙은 다음과 같다.

〈한글 맞춤법〉(1988)	〈조선말규범집〉(1988, 2010)
한글 맞춤법은 표준어를 소리대로 적되, 어법에 맞도록 함을 원칙으로 한다.	조선말맞춤법은 단어에서 뜻을 가지는 매개 부분을 언제나 같게 적는 원칙을 기본으로 하면서 일부 경우 소리나는대로 적거나 관습을 따르는것을 허용한다.

여러 번의 개정을 통해서 〈한글 맞춤법〉(1988)은 큰 틀에서 현재까지 유지되고 있다. 국립국어원 누리집의 어문규정 관련 〈한글 맞춤법〉 제1장 총칙 제1항에 대한 해설은 총칙1항에 대하여 다음과 같이 서술돼 있다.

> 한글 맞춤법의 대원칙을 정한 것이다. '표준어를 소리대로 적는다'라는 근본 원칙에 '어법에 맞도록 한다'는 조건이 붙어 있다. 표준어를 소리대로 적는다는 것은 표준어의 발음 형태대로 적는다는 뜻이다. 맞춤법이란 주로 음소 문자(音素文字)에 의한 표기 방식을 이른다. 한글은 표음 문자(表音文字)이며 음소 문자다. 따라서 자음과 모음의 결합 형식에 의하여 표준어를 소리대로 표기하는 것이 근본 원칙이다.[2]

이 해설의 맥락을 그대로 이해하고 존중하면 '어법에 맞도록 한다'는 조건과 '표준어를 소리대로 표기하는 것'이 근본 원칙으로 구성되어

---

2 http://www.korean.go.kr/09_new/dic/rule/rule01_01.jsp 국립국어원 누리집을 참고할 것.

있다. 원칙이 표음주의적 관점이고 조건이 형태주의적 관점이다. 피상적으로 보면 북한의 총칙과는 원칙이 뒤바뀌어 있다. 위의 표에서 보는 바와 같이 '뜻을 가지는 매개 부분을 언제나 같게 적는 원칙'과 '일부 경우 소리나는대로 적거나 관습을 따르는것을 허용'한다는 북쪽의 총칙과 모순된 듯이 보인다.

실제로 이것과 관련된 표기법의 근간은 남북이 다르지 않지만 남쪽의 총칙에 대해 그 해설이 다소 모호하기 때문에 빚어진 결과로 판단된다. 또한 우리는 〈통일안〉(1933)의 총칙을 거의 그대로 수용하여 그 당시 표현을 존중한 반면 북한은 그 총칙의 표현을 대폭 바꿔 형태주의를 강조하였다. 오히려 내용상으로는 북쪽의 총칙이 형태주의를 원칙으로 삼고 있고 표음주의를 허용 규정으로 보고 있음을 알 수 있다. 역사적 흐름에 비추어 볼 때, 북한이 『훈민정음』(1446)의 근본 표기 정신에 가깝다고 볼 수도 있다.

이러한 논란은 『훈민정음(해례본)』예의에서 제일 처음으로 등장하는 표기법 규정인 "종성부용초성(終聲復用初聲)"과도 무관하지 않다. "종성부용초성(終聲復用初聲)"의 의미를 형태주의적 관점에서 이해하게 되면 '음절의 끝소리 글자는 그 첫소리 글자를 다시 사용한다'로 번역되어야 할 것이다. 그러나 표음주의적 관점에서 바라보면 『훈민정음(해례본)』〈종성해〉에서 언급한 'ㄱㆁㄷㄴㅂㅁㅅㄹ八字可足用也'과 관련하여 '음절의 받침은 (따로 만들지 아니하고 8개의 자음만을) 다시 사용한다'로 번역될 수도 있기 때문이다.

현재 시행하고 있는 북한의 맞춤법은 〈조선말규범집〉(1988)과 〈조선말규범집〉(2010)의 서사규범이다. 최근 북한에서는 〈조선말규범집〉(2010)을 출간하여 〈조선말규범집〉(1988)을 개정하였다. 〈조선말규범집〉(1988)은 총 다섯 부분으로 되어 있었으나 '맞춤법'(총칙, 7장 27항), '띄여쓰기규정'(총칙, 5장 6항), '문장부호법'(총칙, 19항), '문화

어발음법'(총칙, 10장 31항)‘ 네 부분으로 간소화하였다.

북한의 규범 역시 맞춤법에서는 형태주의 표기 원칙에 더욱 충실함으로써 논리적 타당성을 부여하려 하였다. 띄어쓰기에서는 1988년의 복잡한 규정을 간략화한 2003년의 규정을 공식적으로 반영한 것이었다. 문장 부호에서 일부 부호는 그 사용을 제한하고 일부 부호는 그 사용을 구체화하였으며, 발음법에서는 형태를 밝히는 표기가 늘어남에 따라 표기와 불일치한 발음에 관한 조항이 명문화되었다.

남북의 총칙을 중심으로 그 차이를 살펴보았을 때, 양쪽의 총칙에 대한 검토 및 그 통일의 필요성을 제기하는 것은 당연히 향후 남북 단일 규범의 총칙을 마련하기 위함이다. 그 방향은 형태주의를 근간으로 하고 표음주의를 허용으로 삼고자 하는 의지가 반영된 것이어야 한다. 우리의 총칙 규정이 내포하는 중의성을 해소하고 북한에서 표현한 '뜻을 가지는 매개 부분을 언제나 같게 적는 원칙'을 '우리말의 형태를 언제나 같게 적되'로 수정하는 방향으로 가는 것이 좋을 듯하다. 따라서 남북의 총칙이 본질적으로 서로 모순되지 않기 때문에 이 부분에 대한 수정 및 통일안을 다음과 같이 제안해 볼 수도 있다.

〈남북 맞춤법 통일안 총칙 제안〉

'우리말 맞춤법은 우리말의 형태를 언제나 같게 적되, 소리대로 적는 것을 허용한다'

위의 통일된 총칙에서는 언어 명칭과 관련하여 한국어, 조선어 논쟁을 불식시키기 위해 우리말로 통일하였다. '형태를 언제나 같게 적되'라는 표현을 통해 형태주의 표기 원칙을 전면에 내세웠다. 또한 일부 어휘의 표기는 그 어원이 희박하거나 관습적으로 소리나는 대로 적어

왔기 때문에 그것을 허용하는 표음주의 원칙을 함께 담았다. 이러한 원칙을 합의하는 것은 간단한 문제는 아니다. 그러나 같은 언어를 쓰고 있는 남북이 한글을 기반으로 표기 규범의 대원칙을 합의하는 것은 필요해 보인다. 총칙에 대한 이러한 합의가 언어 규범 통일의 시작이자 한글이 하나가 되는 초석이 아닐까 생각한다. 정서법으로서 표기법은 한글이라는 문자 체계와 무관하지 않기 때문이다.

남북의 자모 순서는 어떻게 다른가

남북의 자모 순서와 이름은 차이가 있다. 그 차이는 남북의 서로 다른 두 규범의 해당 규정을 비교하는 것으로 가능할 것이다. 남쪽은 〈한글맞춤법〉(1988) 제2장 '자모'의 제4항이고, 북쪽은 〈조선말규범집〉(1988, 2010)의 제1항이다. 남북의 자모 순서의 양상을 살펴보기 위해서 우선 『훈민정음(해례본)』에서 제시된 '훈민정음'의 전체 자모의 배열과 비교해 보자.

牙音 ㄱㅋㆁ / 舌音 ㄷㅌㄴ / 脣音 ㅂㅍㅁ / 齒音 ㅈㅊㅅ / 喉音 ㆆㅎㅇ / 半舌音 ㄹ 半齒音 ㅿ / ·ㅡㅣ ㅗㅏㅜㅓㅛㅑㅠㅕ (28자)

『훈민정음(해례본)』에서 초성은 '아음(牙音)', 중성은 '·'에 한정해서 보면 'ㄱ牙音如君字初發聲, …·如吞自初發聲'과 같이 규정되어 있다. 창제 당시 자모의 순서 중 초성은 전통적인 오음의 방식에 따라 배열되어 있음을 알 수 있다. 현재 남북의 자모 배열과는 다르다. 중성의 경우도 천지인 '·ㅡㅣ' 세 글자를 기본자를 바탕으로 하여 각 기본자의 순차적인 결합 방식에 따라서 초출자와 재출자의 차례로 제시되어 있다. 현대에 확립된 남북의 자모 배열과 역시 다르다.

우리의 〈한글 맞춤법〉의 자모 순서는 『훈민정음(해례본)』의 배열 방식을 따르지 않고 있음을 알 수 있다. 오히려 『훈몽자회訓蒙字會』(1527) 범례의 '언문자모'에서 드러난 '초종성통용팔자(初終聲通用八字)', '초성독용팔자(初聲獨用八字), 중성독용십일자(中聲獨用十一字)'의 규정이 발전적으로 계승되었다. 그 점은 〈조선말규범집〉도 대동소이하다.

그런데 〈한글 맞춤법〉에는 사전에 올리는 자모의 순서를 규정해 놓고 있지만, 〈조선말규범집〉에는 그런 구체적인 규정이 없다. 〈한글 맞춤법〉의 경우 24자의 자모로 적을 수 없는 소리에 대한 순서와 이름을 [붙임1]를 설정해 놓았다. 자연스럽게 사전에 올릴 적의 자모 순서에 대한 [붙임2]가 필요하게 되었다. 자모의 수를 24자로 한정하고 겹자모를 따로 규정한 탓이다. 그에 반해 북쪽은 자모의 차례에 그런 붙임이 없다. 사전에서 자모의 차례는 〈조선말대사전〉(2006)에서 일러두기의 형식으로 다음과 같이 정해 두고 있다.

---

10. 올림말을 배렬한 자모의 차례와 맞춤법
1) 자모의 차례
ㄱ, ㄴ, ㄷ, ㄹ, ㅁ, ㅂ, ㅅ, (ㅇ), ㅈ, ㅊ, ㅋ, ㅌ, ㅍ, ㅎ, ㄲ, ㄸ, ㅃ, ㅆ, ㅉ
ㅏ, ㅑ, ㅓ, ㅕ, ㅗ, ㅛ, ㅜ, ㅠ, ㅡ, ㅣ, ㅐ, ㅒ, ㅔ, ㅖ, ㅚ, ㅟ, ㅢ, ㅘ, ㅝ, ㅙ, ㅞ

※ ( ) 안의 자모는 받침의 경우에만 해당한다.

이 내용을 살펴보면 우리의 사전과는 달리 북한의 사전은 자음 중심의 올림말 구조에서 벗어나 있다는 점에서 상대적으로 남쪽보다 훈민정음 창제 당시의 〈용자례〉의 자모 배열과 더 가깝다. 우선 'ㅇ' 음가가 없다고 전제하고 사전 올림말 자모에서 그것을 제외하였다. 그 대신에 자음뿐만이 아니라 모음도 올림말 자모로 자음과 대등하게 취급하고

『조선말대사전』

있다.

결국 북쪽은 자모의 순서에서 40개 자모를 모두 존중하여 위와 같은 배열을 보여주고 있는 셈이다. 〈한글 맞춤법〉에서는 24자로 우선 자모를 제한하다 보니 [붙임1]로 나머지 자모의 순서를 다시 언급해야 하는 번거로움이 생겨 버린 것이다. 그 반면에 북쪽은 자모의 수 40자를 규정하고 그 자모의 수에 따라서 사전에 올릴 적의 순서도 그대로 유지하고 있기 때문에 상대적으로 북한의 자모 순서가 더 일관성이 있어 보인다. 그렇다고 해서 우리의 규정이 틀린 것은 아니다.

남북의 자모 명칭은 왜 다른가

훈민정음 창제 당시에 초성과 중성에 대한 자모 명칭이 가시적으로 보이지 않아서 초성과 중성을 어떻게 불렀는지 구체적으로 확인하기 어렵다. 다만 홍기문의 『정음발달사(正音發達史)』(1946)에서는 『훈민정음(언해본)』에 드러난 아래와 같은 우리말 번역을 근거로 훈민정음 창제 당시의 자모 명칭을 '기, 키, 이, …' 등으로 추정하였다.

"ㄱㄴ엄쏘리니君ㄷ字처섬펴아나ᄂ소리ᄀ투니 글밧쓰면虯ㅋ字처섬펴아나ᄂ소리ᄀ투니라"『훈민정음(언해본)』(1459)

그런데 〈통일안〉(1933)과 현행 남북의 규정은 『훈몽자회(訓蒙字會)』(1527) 범례의 '언문자모'에서 드러난 명칭을 대체로 수용하였다. 다만 여기서 주목할 것은 '其役, 池末, 時衣'로 표기된 세 자모의 경우 당시 우리식 한자의 음과 훈으로 발음한 결과를 우리는 '기역, 디귿, 시옷'으로 그대로 수용하였다. 이것은 자모 이름에 대한 남쪽의 규정이 역사적 전통성에 의존하고 있음을 보여준다.

또한 〈한글 맞춤법〉은 한글 자모의 수와 차례 및 이름은 〈통일안〉의 체계를 계승한 것이었다. 글자 이름에서 'ㄱ, ㄷ, ㅅ'도 나머지 글자의 경우처럼 '기윽, 디읃, 시읏'으로 하자는 의견이 있었으나, 기억하기 쉽도록 한다는 것이 오랜 관용을 바꾸어야 할 이유가 되지 않기 때문에, 관용대로 '기역, 디귿, 시옷'으로 하였다.[3]

그에 반해서 북한은 '기윽, 디읃, 시읏'으로 자모 이름을 규정하고 있기 때문에 남쪽과 차이를 보이고 있다. 북한은 역사적 전통성보다는 다른 자모 명칭과의 통일을 유지하고자 실용적 합리성에 따라서 이름을 정한 것으로 이해된다. 그것은 곧 소위 '인민'들의 자모 습득 수월성을 염두에 둔 측면이라고 이해된다. 자모 명칭에서 예외가 있으면 '인민'들이 학습하는 데 어려움을 느낄 수 있고, 교육적 차원에서도 바람직하지 않다고 본 것으로 판단된다.

또한 북측의 자모 이름 규정과 관련하여 위의 표에서 보는 바와 같이 "자음글자의 이름은 각각 다음과 같이 부를 수도 있다. (ㄱ) (ㄴ) (ㄷ) (ㄹ) (ㅁ) (ㅂ) (ㅅ) (ㅇ) (ㅈ) (ㅊ) (ㅋ) (ㅌ) (ㅍ) (ㅎ) (ㄲ) (ㄸ) (ㅃ) (ㅆ) (ㅉ)"는 규정을 추가로 정하고 있음을 알 수 있다. 다시 말하면 자모 명칭이 '기윽'도 되지만, 'ㄱ'도 되는 것이다.

---

3 http://www.korean.go.kr/09_new/dic/rule/rule01_02.jsp 국립국어원 누리집을 참고할 것.

그렇다면 결국 식민지 시대의 〈통일안〉을 계승한 우리는 『훈몽자회(訓蒙字會)』에서 이미 관습적으로 굳어져 사용해 왔던 명칭을 규범으로 삼은 것이고 북한은 『훈몽자회(訓蒙字會)』에서 드러난 명칭을 자모 명칭의 통일성에 초점을 맞춰 그들의 규범에 반영한 것이다. '자음 글자 이름'에 한해서는 독자적으로 복수의 명칭을 따로 설정한 것으로 판단된다.

겹자음 명칭과 관련해서는 『훈민정음(해례본)』이 간행된 당시 '초성자'을 어떻게 이해할 것인가 하는 문제와 연결되어 남북이 서로 다르다. 우리는 〈통일안〉(1933)의 명칭을 계승하고 기본적으로 '자모'라는 문자 개념에 바탕으로 두고 'ㄲ(쌍기역) ㄸ(쌍디귿) ㅃ(쌍비읍) ㅆ(쌍시옷) ㅉ(쌍지읒)'이라는 명칭을 규정했다. 그 반면에 북한은 'ㄱ冴音如君字初發聲'와 'ㄱ는엄쏘리니君ㄷ字처섬펴아나는소리ㄱᄐ니 글방쓰면虯뀰ㅸ字처섬펴아나는소리ㄱᄐ니라'에서 보는 바와 같이 창제 당시에 초성을 '소리' 중심으로 보고자 했던 것으로 이해된다. 따라서 겹자음에 대한 이름을 'ㄲ(된기윽) ㄸ(된디은) ㅃ(된비읍) ㅆ(된시읏) ㅉ(된지읒)'로 규정하고 '된'이라는 음성학적 개념을 겹자음 명칭에 반영한 것이다.

이렇게 남북은 서로 자모를 바라보는 관점이 달랐다. 우리는 자소(grapheme) 중심, 북쪽은 음소(phoneme) 중심을 바탕으로 창제 당시의 '초성자'를 인식한 결과로 볼 수 있다. 다만 이 관점의 차이가 옳고 그름의 문제는 아니라는 점에서 궁극적으로 이 자모 명칭의 문제는 남북이 서로 복수의 명칭을 인정하는 방향으로 해결해 갈 수 있을 것이다. 전체적으로 우리가 '한글 자모'를 바라보는 관점과 북한이 '조선어 자모'을 인식하는 시각이 나뉘는 것은 사실이다. 그러나 본질적으로는 남북의 차이는 없다.

다르지만 같아야 할 한글날

누구나 잘 알고 있듯이 우리는 10월 9일을 '한글날'로 기념하고 있다. 그러나 북한은 1월 15일을 '훈민정음 창제일'이라는 이름으로 기념하고 있다. 우리는 '한글날', 북한은 '훈민정음 창제기념일'로 달리 부르고 있다. 이 역시도 남북은 다르다. 훈민정음은 한글의 옛 이름인데 우리는 현재의 이름인 '한글 주목하여 그 기념일 명칭을 정했다. 그 반면에 북한은 당시의 새로운 문자 명칭인 '훈민정음'에 초점을 맞춰 '훈민정음 창제기념일'이라고 부르고 있다.

남북한 모두 각각 그 이유가 있다. 우리의 경우는 훈민정음 반포일 (세종28년 음력 9월 상순, 1446년 10월 9일)을 기준으로 '한글날'을 정해 기념해 오고 있다. 그러나 북한은 훈민정음 문자 창제일(세종 25년 음력 12월, 양력 1444년 1월15일)을 기념일로 정해 놓고 있다. 남북한의 '한글날'이 이렇게 차이가 나기 때문에 우리가 1월 15일에 특별한 의미를 부여하지 않듯이 북한도 10월 9일에 큰 의미를 두고 있지 않다.

한글날을 처음으로 기념한 해는 1926년이었다. 한글 반포 8회갑, 즉 480돌을 맞이하여 당시 조선어연구회(현재 한글학회의 이전 이름)가 주축이 되어 수많은 사람들이 참석하여 한글날 기념식이 성대하게 열렸다. 그런데 당시는 10월 9일이 아닌 11월 4일날 그 기념식이 거행되었고, 그 연유는 음력 9월에 『훈민정음』(해례본)이 책자로 완성되었다는 실록의 기록을 근거한 것이었다. 따라서 음력 9월 29일을 반포한 날로 가정하고 '가갸날'이라는 이름으로 기념식이 개최된 것이다. 당시에 한글을 배울 때 '가갸거겨' 하면서 익혔기 때문에 '가갸날'이라고도 불렀다.

그러나 1930년대 이후 양력을 쓰는 일이 보편화되고, '가갸날'이 매년 바뀌는 것에 대한 번거로움 때문에 1446년 음력 9월 29일을 양력으로 환산해 그 후에 10월 29일, 혹은 10월 28일 등으로 정하는 혼란을 거듭한 후, 1934년부터는 양력 10월 28일에 한글날 기념식을 갖게 되었다.

그런데 1940년 7월에 『훈민정음(해례본)』이 안동에서 발견되고, 그 문헌 속에서 훈민정음 반포일이 음력 9월 상한(지금의 상순)이라고 명백히 기록된 사실이 밝혀지면서 1945년 해방 후부터는 그것을 양력으로 환산해 우리는 10월 9일을 한글날로 기념하고 있다. 요컨대 현재 우리의 10월 9일은 『훈민정음(해례본)』이 공식적으로 간행되어 완성된 날을 소위 말하는 '반포'로 본 것이다.

그러나 북한에서는 해방 후 훈민정음이라는 문자가 만들어진 날을 한글날로 삼아야 한다는 주장이 제기된 듯, 문자가 만들어진 1443년 음력 12월에 초점을 맞춰 그것을 양력으로 환산해 1월 29일을 한글날로 정하였다. 그러다가 1963년 뚜렷한 이유 없이 1월 15일로 변경하여 현재에 이르고 있다.

결국 남한과 북한이 서로 다른 한글날을 기념하고 있다. 남북한의 한글날이 다르다는 것은 꼭 바람직한 것은 아니다. 신문자를 창제한 날을 한글날로 볼 것인지 아니면 문자를 해설한 책이 출간되어 완성되고 널리 세상에 알려진 날을 한글날로 삼아야 할지 이 문제를 바라보는 시각은 다르다. 남북한이 서로 머리를 맞대고 이러한 문제도 함께 합의해 나가야 한다.

한국어, 조선어, 그리고 '한글'의 통일을 위하여

남북의 언어가 이질화되어 있다고는 하나, 몇 가지 사회적 맥락이 다른 어휘 말고 남북의 언어 차이는 크지 않다. 그런데 남과 북의 언어 명칭은 각각 한국어이고 조선어이다. 한국어는 대한민국의 국어임을 우리는 다 알고 있다. 그렇다면 조선어는 북한말, 중국 연변말, 일제강점기의 말, 조선시대의 말 중은 어떤 말인가? 이런 물음을 제기하는 만큼 그 맥락적 의미에는 차이가 있다. 그리고 우리의 인식 속에서 대체로 부정적이다.

1910년 일제강점이 시작되기 전의 우리말 명칭은 조선어였다. 그 조선어는 객관적인 의미를 내포하고 있지만, 일제강점기의 '조선어'는 국어가 아니었다. 그저 조선반도의 언어였다. 우리말을 상대적으로 폄하한 일제의 의도가 없다고 할 수 없다. 그런데 영어 표현은 단 하나다. 바로 Korean이다. South Korean도 North Korean이라고 부르지 않는다. 한국어도, 조선어도 영어로는 모두 Korean이다. 남북이 Korean을 달리 부르고 있을 뿐이다.

그러나, 우리가 '조선어'를 차별해서 취급한다면 문제가 조금은 달라진다. 한국어의 '아류'로 혹은 이데올로기를 덧칠하여 조선어를 폄하하는 것은 '언어 차별'이다. 둘은 약간 다른 지역어에 불과하기 때문이다. 미국 영어, 영국 영어, 호주 영어, 인도 영어 등이 각 지역의 영어인 것과 같다. 그 중에서 미국 영어나 영국 영어가 국제어가 되었다. 한국어도 조선어보다 더 국제적인 'Korean'인 것은 분명해 보인다. 그렇다고 해서 조선어가 낮은 위치의 언어라고 얘기할 수 없다. 우리 안에 그런 의식이 자리 잡으면 그건 낡은 정념(情念)이 된다. 우월주의에서 자유로울 때 세상은 더 넉넉하게 보인다. 아무렇지도 않게 일상을 지배하는 차별 의식은 벗어버릴 필요가 있다. 한국어든 조선어든 둘 다 아름다운 우리말이다. 이 남북의 언어로 우리가 다시 만나야 한다.

한국어와 조선어가 함께 공유하는 문자, 한글은 어떠한가? 우리는 한글이라고 부르지만, 북한에서는 한글에 부정적 인식이 있어서 조선

글자, 조선글이라고 부른다. '한글'의 '한'은 고대 '삼한(三韓)'의 '韓'에서 가깝게는 '대한제국'의 '한(韓)'까지를 떠올릴 수 있다는 점에서 북한에서 한글 용어는 비판적이다. '한글'의 '한'도 '삼한'의 '한'이기 때문에 태생적으로 주체적이지 못한 명칭이라는 비판적 시선이 북한에 존재한다. 우리나라의 판도를 한반도에 국한하려는 의도에서 정해진 이름이라서 북에서는 '한글' 명칭을 사용하지 않고 있다.

북한이 이렇게 한글 명칭에 대하여 거부감을 느끼고 있어 통일 시대에 한글은 과연 그 이름을 지켜갈 수 있을지 고민스러운 부분이다. 이러한 갈등과 대립을 극복하기 위해서 한국어, 조선어 대신에 '우리말이, 한글, 조선글 대신에 '우리글'이 통일 시대에 어울리는 명칭이 될 수도 있다. 그러나 지금 우리의 시대는 '한글'의 시대임은 분명하다.

남북 어문규범의 통일을 위하여 김민수(2002)에서는 다음과 같이 제안하였다. 두 나라의 전문가를 중심으로 깊이 새기고 고민할 부분이다. 이러한 전제에 동의한다면, 규범 통일의 길은 앞당겨질 수 있다.

첫째, 남북의 규범이 다른 것은 유열을 논하여 승부를 가리려 하지 말고, 상호주의에 입각하여 승패가 없는 절충으로 이끌어야 할 것이다.
둘째, 남북이 절충을 하지 못하거나 안 될 것은 사활을 걸고 싸우지 말고 남북의 제안을 복수로 수용하는 방안을 널리 활용하여야 할 것이다.
셋째, 남북의 절충이 불가능할 경우 제3의 기준이나 방안을 채택할 수 있다.

이 제안을 깊이 공감하며 그에 따라 남북 언어 규범이 통일의 길로 가야 한다고 생각한다. 이미 선례가 있다. 국제표준화기구(ISO)의 요청으로 1992년에 로마자 표기법 단일안에서 남한의 모음 표기안과 북한의 자음 표기안이 상호주의의 입장에서 합의된 바가 있었다. 또한 이미 표준어 규정에서 우리가 실천하고 있는 '복수 표준어 정책'을 다양한 언어 규범 영역에서 남북으로 확대하는 방안이 있을 수 있을 것이다.

궁극적으로는 단일 규범으로 가야 하겠으나, 많은 걸림돌을 제거하기 위해서는 언어 규범 통일의 단계적 실천이 중요하다. 그것은 서로의 것을 존중하고 숙의를 통해 통일된 규범으로 나아가는 길이다. 남북 언어 규범 모두 각자의 타당한 이유와 논리가 있다. 그러나 언어 규범에 대한 근본적인 철학이 다르지 않기 때문에 노력과 정성, 그리고 시간이 해결해 줄 수 있을 것이다. 그러나 근현대사가 낳은 '언어 디아스포라(diaspora)'라는 이 현실을 우리는 부정할 수 없다.

단언컨대 통일을 염두에 둔다면 서울 중심의 표준어 정책에서 벗어나야 한다. 우리의 한글 맞춤법 규범을 중심으로 우리가 고집해서는 안 된다. 한 언어의 통일을 위해 규범이나 준거에 바탕을 두고 공통어를 마련하는 일은 중요한 일이다. 그러나 그 과정에서 특정 지역어를 기반으로 형성된 인위적인 공통어가 다른 지역어보다 우월하다는 의식에서 이제는 벗어날 필요가 있다. 통일된 조국의 공통어는 그것이 서울말이든 평양말이든, 한글이든 조선글이든 상호 공존의 시각에서 논의되어야 한다. 그에 따른 규범의 통일도 같은 맥락에서 합의되어야 할 것이다.

대중들에게는 전면적으로 공개되지 않았지만, 남과 북의 〈겨레말대사전〉 공동편찬위원회에서 자체적으로 사전에만 우선 적용하는 규범을 합의하여 겨레말 통일대사전을 편찬 중에 있다. 남북 어문규범의 정리와 통일은 어느 한 연구자나 전문가의 일방적 논리나 주장보다는 국민 모두의 집단 지성의 결과물이 되어야 할 것이다.

그러한 노력이 결실을 맺기 위해서는 '통일어문규범' 제정을 위한 제도적 장치가 선제적이고 정책적으로 이루어져야 한다. 현행 국어기본법 제13조 '국어심의회' 관련 규정의 개정을 포함한 국어기본법 전체를 개정하여 '국어기본법'을 '통일우리말기본법(안)'으로 명칭 변경을 준비하면서 북한과 논의를 준비해야 한다. 그래서 어문규범 정책을 총괄하는 '통일어문규범 분과위원회'의 설치와 운영을 통해 구체적인 결과물로서 통일 시대의 새로운 언어 환경에 필요한 통일 규범의 대원칙과 '통일어문규범의 제정'을 마련해야 한다.

남북의 언어 전문가들이 만나고, 남북 양쪽의 시민과 인민들의 의견을 수렴하여 단일 규범을 만드는 것은 쉬운 일은 아니나 당위적으로 해야 할 일이다. 통일의 시대를 기쁜 마음으로 준비하면서 통일의 규범을 상상해 보면 어느 순간 현실이 될 수 있다. 통일의 길은 아직도 요원하지만, 갑자기 찾아올 수도 있다. 평화와 공존의 길이 멀고 시간이 더딜지라도 우리는 다가올 언어 통일을 위해 우리는 모든 것을 준비해야 한다.

2. 한글, 세계로 날다

한국어의 열풍, 한글의 열풍

한류의 확산과 함께 한국어를 배우는 외국인들이 폭발적으로 증가하고 있다. 1990년대 중반 처음 형성된 한류는 드라마를 시작으로 동남아시아를 중심으로 확산된 흐름이었다. 그러나 케이팝은 물론이고 한국 음식, 한국 화장품, 한국 영화 등 한국 관련 다양한 문화콘텐츠들이 인기를 끌면서 이제는 세계로 확산되고 있다. 한류는 지역적이고 한시적 유행에 지나지 않을 것이라는 예측은 보기 좋게 빗나갔다. 그에 따라서 자연스럽게 한국어와 한글을 배우는 외국인들이 대폭 증가했다.

세계 언어 순위
5천만명 이상 사용 언어

출처 : 에스놀로그(www.ethnologue.com)

세계적으로 한국어를 고등학교 제2외국어를 채택하는 국가들도 늘고 있다. 해외에 분포하고 있는 세종학당, 한글학교에서 한글과 한국어를 정기적으로 배우는 학생들도 매년 증가하고 있다. 각 기관에서 현지 외국인의 요청에 따라 한글과 한국어 배우기 정규 과정을 다양하게 개설하고 있다. 외국인을 위한 한국어 능력 시험(TOPIK)에 응시하는 학생 수 역시 매년 증가하고 있다. 1년에 6회에 걸쳐 여러 차례 한국어 능력을 검증받을 수 있는 공인시험이다. 한국으로 유학을 오거나 일자리를 구하러 오는 외국인들도 줄지 않고 계속 증가 추세에 있다.

자연스럽게 국내외에서 한국학 관련 학과들과 생겨났으며, 전통적인 국어국문학과가 한국어 교육과 문화 관련 학과로 변신을 꾀하고 있다. 또한 다양한 국적의 외국인 대학원생들이 한글과 한국어 기반 한국학을 연구하기 위해 국내외의 대학에 진학하고 있다. 해외에서는 한글과 한국어, 한국학 교육자 및 연구자의 수요도 점차 늘고 있어서 고무적이다.

다른 한편으로 다양한 한글 관련 콘텐츠들이 전 세계에서 유행을 선도하고 있다. 각 나라에서는 한글이나 한국어 뽐내기 대회가 매년 한국문화원이나 전 세계 세종학당 등에서 성황리에 개최되고 있다. 한국 문화를 체험하는 행사들도 아시아나 유럽, 미국, 남미의 여러 나라에서 다양한 방식으로 개최되고 있다. 한국어와 한글을 가르치는 교사들 덕분에 이제 한국어 교육과 활동은 국제적으로 정착했다.

이런 긍정적인 한류 열풍과 함께 한글과 관련하여 우리가 간과하지 말아야 할 지역과 사람들이 있다. 근현대사의 불행한 과거 때문에 중국으로 일본으로 그리고 머나먼 러시아 땅으로 흩어진 사람들이 있다. 조선족이라고 부르는 재중동포, 자이니치(在日)라고 부르는 재일교포, 카레이스키라고 부르는 고려인들이 바로 그들이다. 이들은 그들이 원해서 그 지역에 거주하거나 태어나서 살아가는 사람들이 아니다. 이른바 비자발적 이산, 디아스포라의 존재들이다. 이 동포들은 그 지역 그 나라의 언어로 주로 생활하지만, 그들 역시 한국어 혹은 조선어를 배우고 한글에 대한 큰 관심을 보이며 자신들의 정체성을 확인해 가고 있다.

비자발적 이산, 디아스포라와는 달리 자발적으로 자신의 꿈과 자유

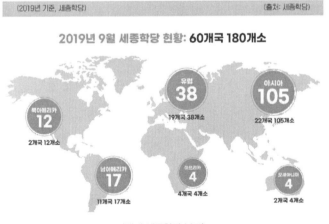

〈세계 세종학당 분포〉

를 누리기 위해 세계 각지로 흩어져서 생활하는 한국인들도 있다. 대표적인 사람들은 재미교포이다. 그들은 미국에서 삶을 뿌리를 내리고 공동체를 꾸리며 살아가고 있다. 이들 역시도 '코리아타운'이라는 공동체 안에서 한국어로 방송을 하고, 한글 신문을 발행하며, 2세와 3세들에게 한글과 한국어를 가르치며 정체성 교육에 힘쓰고 있다.

코리아타운 거리에는 영어와 함께 한글 간판 표기들이 자연스럽게 우리의 말과 글을 보급하고 확산하는 데 큰 기여를 하고 있다. 그 덕분에 우리의 한류가 더욱 확산되는 데 큰 교두보 역할을 하고 있고 교포들 스스로 큰 자부심을 느끼고 있다. 최근에는 자연스럽게 이러한 이중언어 생활 속에서 생활한 그들이 다시 한국으로 돌아와서 두 언어 사용하기의 장점을 잘 발휘하고 있다. 한글과 한국어의 위상이 높아진 결과이다.

다문화 사회의 다양한 문화를 자발적으로 경험하고 싶은 다른 언어 외국인들도 해외에 형성된 한국 관련 문화 기관이나 공동체 안에서 한국 관련 다양한 문화를 자발적으로 즐기고 있다. 이들 또한 한글과 한국어를 배우면서 한국을 위한 의미 있는 외국인 홍보 대사의 역할을 자임하고 있다. 또한 자신들의 한국어 실력을 뽐내는 대회 등에 나가 활약하기도 하고 SNS을 통하여 한국을 알리고 있다. 영어 공용어 사회, 유럽의 다양한 언어 사회에서 한국 관련 다양한 콘텐츠의 확산 덕분에 한글과 한국어가 제대로 대접을 받고 있다.

한국어 습득 열풍은 한글이 우리의 문화적 상징 기호로 국제적 상품이 될 수 있는 가능성을 열어 놓을 수 있는 촉매제가 되었다는 점에서 더욱 고무적이다. 한류의 열풍이 아시아를 넘어 힘을 발휘하면서 많은 세계 사람들이 한국어를 배우면서 한글을 몸소 체험하고 있다. 세계 도처에서 한글 문자가 새겨진 옷을 입고 있는 모습을 보면 한글과 한국어 교육자로서 왠지 모를 자긍심도 느낀다.

또한 한글이 지닌 음소문자의 장점 덕분에 동남아시아 소수 민족인 찌아찌아 족이 문자 없는 생활을 마감하고 자신의 언어를 한글로 표기해 교재를 만들어 교육하고 있다는 뉴스를 접하기도 했다. 표음문자의 장점을 지닌 '코리안 알파벳(Korean Alphabet)'의 힘을 느끼기도 하였다. 그런데 한글의 세계화에 대한 성공 여부를 떠나 선한 의도로 추진한 한글 확산 정책은 경우에 따라서 신중할 필요가 있다. 특정한 나라의 입장에서 볼 때는 이러한 한글의 수출이 문화 제국주의적 전략으로 보일 수도 있기 때문이다.

음성 언어에는 우열이 없다. 문자 언어 중에서는 음소문자가 가장 장점이 많은 문자로 판단된다. 그러나 특정한 문자 사용 여부가 어떤 문화적 우열을 가리거나 나와 남을 차별하는 수단이 되지 않도록 해야 한다. 언어와 문자의 다양성은 존중되어야 하며, 음성 언어든 문자 언어든 기본적으로 문화적 전달의 도구라는 점을 잊어서 안 될 것이다.

한글의 확산과 '코리아학'의 발전을 위하여

한국학(Korean Studies)은 한국에 관한 인문, 사회, 자연 과학 분야에 대한 학문적 연구로 한국과 한국 문화의 성격을 연구하고 규명하는 통합적 학문이다. 전공에 따라서 한국학의 여러 분야가 있겠지만, '훈민정음과 한글'은 외국인이 한국학을 연구하기 위해서 기본적으로 알아야 할 주제이자 연구 대상이다. 최근에 북미, 한미 정상회담의 흐름을 타고 북한에 대한 관심도 높아지고 있다. 북한에 대한 여러 분야의 연구도 역시 한국학의 영역이다. 그런 맥락에서 한국학은 넓은 의미의 코리아학이다.

북한에서는 우리의 한국학을 조선학이라고 부른다. 북한이라는 나라, 북한 지역의 언어, 문화, 역사, 철학, 정치 등에 대한 연구에 주로 한정되어 있어서 그들의 조선학이 전체 코리아학의 면모를 갖추지 못한 점은 있을 것이다. 마찬가지로 우리의 한국학도 한반도 전체, 코리안 전체의 다양한 주제와 담론을 담아내지는 못하고 있다. 반쪽의 양쪽이 서로를 배제하고 있기 때문이다. 그러나 두 지역학으로 한국학과 조선학을 합하면 코리아학이 된다. 이 코리아학에서 한글 관련 남과 북의 규범과 활자 문제, 한글 관련 언어정보학 분야는 두 나라 연구자들의 공통 관심사이다.

또한 코리아학의 관점에서 훈민정음의 매력과 장점, 그리고 그 가치를 이해하는 외국의 언어학자 역시 열심히 한글을 연구하고 관련된 다양한 책을 그들의 언어로 번역하고 있다. 다음은 어느 외국의 역사학자가 15세기 훈민정음 창제를 언어개혁의 차원에서 해석하고 연구한 그의 책에서 부록으로 첨부해 놓은 영문 훈민정음의 시문이다.

The Correct Sound for the Instruction of the People(훈민정음)

The sound of our country's language are different from those of the Middle Kingdom and are not smoothly adaptable to those of Chinese characters. There, among the simple people, there are many who have something they wish to put into words but are never able to express their feelings. I am distressed bt this, and have newly designed twenty-eight letters. I desire only that everyone practice them at their leisure and make them convenient for daily use.(Gari K. Ledyard(1998)의 『The Korean Language Reform of 1446』)

한국학의 관점에서 훈민정음에 대한 세계화의 논의는 아주 필요한 주제다. 최고의 문자로 평가받는 훈민정음이 우리의 울타리 안에서 머물러서는 안 될 것이다. 그렇다면 우선 전제로 시급히 요구되는 것은 『훈민정음』이 각 나라의 언어로 번역이 되어야 한다는 점이다. 현재 영어, 프랑스어, 러시아어 정도의 번역만이 이루어져 있는 것으로 알려져 있다. 일본어, 중국어, 독일어, 스페인어로 번역하는 작업을 한국어학자와 각 언어의 전공자들이 협업으로 이루어내야 한다. 훈민정음과 관련된 한국학 협업의 좋은 모델이 될 것이다.

훈민정음과 한글은 한국학의 주제를 넘어 한국어 문화 교육의 중요한 대상이 된다. 한국어 교육에서 훈민정음이라는 문자가 언어 교육, 한국어 교육, 문화 교육에서 어떤 의의를 지니고 있는지에 대하여 외국인 연구자들이 더욱 관심을 가지고 연구할 필요가 있다. 한국학을 이해하는 기본이 될 것이다. 또한 우리의 한국학을 더 세계적으로 확산하기 위한 노력의 일환으로 국내외 연구자들 역시 코리아학의 관점에서 훈민정음과 한글 관련 주제의 인문학적 연구의 지평을 넓혀야 한다.

이제는 훈민정음과 관련하여 두 학문의 영역에 걸쳐 있는 주제, 숨겨진 주제, 그 동안 소홀히 다룬 주제에 대한 새로운 고민이 필요한 시점이다. 훈민정음의 이면에 존재하는 문화콘텐츠적 요소, 통섭적 요소 등이 대중과 함께 잘 어울리면 훈민정음은 새롭게 다시 태어나고 우리 곁에서 그 가치를 더 잘 드러낼 수 있다. 간과된 것을 주변적인 곳에만 머물게 하지 않는 것, 이 임무는 학자와 대중 둘 모두의 몫이다.

한글, 문화콘텐츠가 되다

한글은 단순한 문자가 아니다. 문자를 넘어 문화를 담는 그릇이자 도구다. 이 기호가 이제는 문화콘텐츠로서 거듭 나고 있다. 인문학적인 관점에서도, 예술적 관점에서도, 공학적 관점에서도, 경제적 관점에서도 한글은 문화콘텐츠적 요소를 그 안에 담고 있다.

인문학적 관점에서 '한글'은 우리의 문화적 콘텐츠의 중요한 요소가 되었다. '훈민정음'이라는 이름으로 만들어진 인위적 문자인 '훈민정음'은 세계에서 그 유래를 찾아볼 수 없을 정도로 만든 주체, 만든 시기, 만든 목적이 분명한 문자 중의 명품이다. 그 해설서인『훈민정음(해례본)』는 국보를 넘어 유네스코가 세계 기록문화유산으로 등재되고 세계적으로 인정받았다는 점에서 훈민정음은 우리 안에만 머물 수 없는 문화콘텐츠이다.

예술적 관점에서 보더라도 '한글'은 이미 글꼴(타이포그라피)의 조형적 발달을 가져오게 만든 디자인의 보고(寶庫)라 해도 과언이 아니다. 현재 우리가 경험하는 많은 글꼴은 한글의 조형미가 지닌 장점에서 기인한다. 현재도 다양한 한글 글꼴을 디자인 학자들이 개발하고 있다. 서체의 다양한 변형과 미학적 아름다움은 심지어 의상 디자인에 접목되어 세계인의 이목을 집중시킨 바가 있다. 상투적인 표현인지 몰라도 한글은 '우리 것의 세계화'에 기여한 문화 상품이기도 한 셈이다.

공학적 관점에서도 한글은 최고의 IT 콘텐츠로 역할도 다하고 있다. 우스갯소리로 세종대왕께서 살아 계시다면 그 분에게 얼마나 많은 지적 저작권에 대한 대가를 지급해야 할지 가늠도 하기 어려울 지경이다. 이제 한글은 모바일 시대의 정보 코드로 정착되었다. 국내 굴지의 대기업인 삼성과 엘지 휴대폰의 문자 입력 시스템은 575년 전에 체계화한 모음-천지인 및 자음-가획의 원리를 원용한 것이었다. 우리 문화적 자산의 현대적 승화라고 말하지 않을 수 없다. 특히 SNS의 소통에서 표기 수단으로서의 한글의 역할은 두말할 나위가 없다.

또한 경제적 관점에서도 한글은 국제화 시대에 뒤떨어지지 않는 소통 도구로서도 큰 역할을 하고 있다. 한류는 한국어와 한글에 대한 관심과 연결되면서 그 확산에 결정적으로 기여하고 있다. 그리고 그

〈한글 자판〉

경제적 효과는 충분히 짐작할 수 있다. 한류의 상징으로서 한글은 우리의 국제화 제고의 첨병이자 우리가 문화 강국이라는 점을 증명하는 가치 있는 우리의 자산이 되었다. 외국인의 한류의 소비가 한글의 경제적 가치를 높이고 있다.

이러한 시대에 우리는 '한글'을 바라보는 자세에 대한 자기 수정이 필요하다. 우선 21세기에는 한자에 대한 대립물로 한글을 보는 이분법적 사고를 극복해야 한다. 또한 영어가 필수적인 시대에 한글을 영문으로 상징되는 알파벳보다 더 수준이 낮은 문자로 자기 비하를 하는 시선에서도 벗어나야 한다.

한글을 통한 세계화가 문화 지배가 아닌 문화 나눔의 가치로 나아가는 데 우리의 힘을 보태고 노력해야 한다. 이 한글이라는 명품을 어떻게 더 가치 있는 상품으로 다듬어 가야 할지 21세기 동북아 시대에 걸맞게 한글 위상 제고를 위해 한글 관련 종사자인 온 국민이 좀더 넉넉한 지혜를 모아야 할 때이다. 어느 언어학자의 말처럼 인류 문자사에서 이렇게 사치스러운(?) 명품, 한글이 바로 우리 앞에 있다.

3. 한글, 디지털과 소통하다?

디지털 시대에도 한글은 문자의 전통적 기능을 여전히 수행하고 있다. 그와 함께 한국의 국격 상승과 한류 열풍에 힘입어 한글은 세계적으로 확산되었다. 또한 이미 언급한 바와 같이 다른 영역과의 협업을 통한 문화콘텐츠적 요소의 잠재적 특성도 갖추고 있다. 그리고 IT 디지털 시대에 한글은 급격하게 변화하고 있다. 보수적인 시선에서는 '한글 파괴', '국어 파괴'라는 부정적 인식이 강하지만, 음소문자로서 한글의 장점이 디지털 시대에 잘 구현되고 있다고 보는 자유로운 시선도 존재한다.

이러한 한글 사용의 변화는 우리가 경험하는 매체의 변화와 무관하지 않다. 전통적인 라디오는 TV가 출현하면서 소위 비디오 시대에 자리를 내주었다. 라디오의 명성을 되찾고자 '보이는 라디오 시대'를 선언했지만 중과부적이다. TV도 또한 인터넷에 자리를 빼앗기고 종속되고 있다. 그 흐름은 음성과 소리에서 시각적 기호와 이미지, 동영상을 바탕으로 한 디지털 시대로의 전환이다.

젊은 언어 사용자들은 시각적 기호 중에서 문자를 자유롭게 변형하고 그것으로 소통하는 시대를 열었다. 문자가 지닌 시각적 특징은 이미 언급한 바가 있지만, 이 디지털 시대에 더욱 그 힘을 발휘하고 있다. SNS을 비롯한 다양한 온라인 매체가 주도하는 변화의 힘은 크다.

예전부터 영어에서는 이미 약어, 두문자어(頭文字語), 두문자 약어

가 발달하였다. 약어(abbreviation)는 원래 발음을 유지하는 'Mon (Monday), Ave(Avenue), N.Y(New York)'과 같은 어형이다. 두문자어 (acronym)는 'FIFA(피파), NATO(나토)' 등과 같이 단어처럼 발음을 하는 어형을 말한다. 두문자 약어(initialism)는 FBI(에프비아이), UN (유엔), WHO(더블유에이치오) 등과 같이 각 글자를 따로 발음하는 어형을 가리킨다.

한글의 경우에도 이러한 현상이 이제는 예외가 아니다. '노사모(노무현을 사랑하는 사람들의 모임), 전교조(전국교직원노동조합), 엄카 (엄마 카드)' 등은 두문자어 혹은 두문자 약어 중 전자에 해당하는 듯하다. 엄밀히 말하면 음절 축약어라고 볼 수 있다. 더 나아가 인터넷이나 SNS를 중심으로 한글 음절도 파괴되어 초성체가 젊은이들을 중심으로 보편화되었다. 'ㄱㅅ(감사), ㅎㅎ(하하), ㅇㅋ(오케이), ㅊㅎㅊㅎ(축하축하)' 등은 두문자약어로 볼 수 있다. 'ㅠㅠ'의 경우는 문자 한글이 시각적 기호로 변하면서 새로운 의미를 생성한 대표적인 사례이다.

언어 유희가 문자의 유희로 시각화되는 경우도 있다. 어느 텔레비전 프로그램 제목 '북유럽'은 'Northern Europe'이 아니라 '북유럽' 발음을 'book you love'으로 읽어낸 언어유희다. '비빔면, 네넴띤, 명작, 떵작,

멍멍이, 댕댕이' 등은 한글 가독성이 떨어지면서 두 단어 사이에서 발생한 문자 유희에 해당한다. 훈민정음이 아니라 '야민정음'의 이름으로 유행하고 있다.

규범적 입장에서 이러한 현상은 그렇게 바람직하지 않다고 볼 것이다. 매년 한글날을 맞이하여 젊은 세대가 사용하는 신조어나 인터넷 초성체 등을 '국어 파괴, 한글 파괴'의 이름으로 비판하고 있다. 바른 한글을 사용해야 한다는 관점에서 보면 그에 대한 지적과 비판은 정당해 보인다. 그런 표현과 표기는 공식적인 언어 생활의 글쓰기 영역에서는 삼가야 할 것들이기 때문이다.

그러나 신조어, 초성체, 줄임말 등은 한 시대의 언어와 문자의 유행 양상을 반영하는 것이다. 그러한 언어 표현과 표기를 통해서 더 친밀하게 소통하기도 하고, 다양한 공동체가 긴밀하게 결속하기도 한다. 언어 표현과 표기는 시대의 유행과 함께 호흡하는 생물과 같은 존재다. 결국은 경쟁하다가 살아남기도 하지만 곧 사라지기도 한다. 이 혼란스러움은 대체로 한 언어와 문자의 내적 규칙 속에서 자연스럽게 걸러지게 마련이다.

이러한 현상들은 또 다른 한글의 풍경이자 경관이다. 살아 있는 언어의 풍경이자 변화의 조짐이기도 하다. 어쩌면 거부하기 어려운

도도한 흐름이다. 유행하는 언어와 문자는 그 시대의 사회와 문화를 반영하는 거울이다. 그렇기 때문에 음성 언어 뿐만이 아니라 문자 언어도 역시 유행에 민감할 수밖에 없다. 그 유행에 한글이 앞장서고 있다는 점은 분명하다. 그 방향은 그렇게 암울하거나 먹구름이 아니다. 그리고 일방적으로 비판받을 잘못된 지향이라고 단정해서도 안된다. 한글이 디지털 시대에 가장 잘 어울리는 문자라는 대중들의 생각은 결코 과장된 표현이 아니다. 한글은 디지털 시대에 계속 진화하고 있다.

세상은 문자로 소통하고 공감한다

세상은 문자로 소통하고 공감한다. 우리의 현재는 비대면 온라인 시대에 다양한 매체를 거쳐 전달되는 동영상과 음성 언어의 위력을 실감하는 시대이다. 그렇다고 해서 문자 언어의 역할과 힘이 약화된 것은 아니다. SNS 등은 기본적으로 문자를 바탕으로 한 시각적 기호 중심의 소통 체계이기 때문이다. 지금은 인간의 다양한 소통을 위해 바로 그러한 문자의 전성 시대가 열린 것이다. 동영상에서 문자 중심의 자막은 이제 보편화되었다. 같은 언어를 사용하는 시청자들을 위해서 더 유익하고 정확하고 재미있는 시각적 정보 제공을 문자가 담당하고 있다. 세상이 문자로 소통하고 공감한다는 맥락은 바로 이런 의미이다.

이 문자, 훈민정음과 한글은 세 가지 점에서 매력적이고, 세계적인 소통의 도구가 될 수 있다. 하나는 책으로서 『훈민정음』이 유네스코 세계기록 문화유산이라는 점 때문이며, 다른 하나는 문자로서 '훈민정음'을 다른 나라에서 표기 수단으로 삼을 수도 있다는 점에서 국제적 위상을 확보했기 때문이다. 그리고 마지막으로 이 문자는 21세기 '한글'로 불리며 외국인이 한국어를 처음 학습할 때, 읽기와 쓰기의 기본 수단이 되었다는 점에서도 그러하다.

이러한 훈민정음은 이제 우리의 것, 과거의 것만이 아니다. 한글로 재탄생했고, 한류의 상징 기호가 되고 있다. 이렇듯 훈민정음과 한글의 가치는 이제 우리 안에만 머물지 않는다. 국제화되었다는 의미에서 그 위력은 앞으로 빛을 발할 것이다. 그 빛이 좀 더 영롱하게 빛나기 위해서 이 소중한 우리의 문자를 대하는 우리의 인식 변화 역시 필요하다.

이 문자는 누구에게 독점될 수 없는 우리 모두의 것이다. 문자는 인류가 만들어 낸 것이기 때문에 이것을 통해 가치 창출을 하는 것도 공익적이어야 한다. 또한 문자는 선한 영향력의 수단이 되어야 한다. 세계적인 명품 문자의 원형인 훈민정음과 바로 그 현재형인 한글도 마찬가지이다. 그렇게 되기 위해 그 명품을 사용하는 우리가 다양한 노력을 기울여야 한다. 분명히 우리는 현재 한글로 소통하고 공감하고 있다. 그렇게 한글은 거듭나고 있으며 흔들리지 않는다. 우리 곁에서 진화하고 발전할 뿐이다. 그리고 거듭 말하거니와 세상은 문자로 소통하고 공감한다. 바야흐로 기호와 문자가 넘쳐나는 세상이다.

참고문헌

국립한글박물관, 한글이 걸어온 길, 2015.

강만길, 한글 창제의 역사적 의미, 창작과비평 12-2 통권44호, 1977, 창작과비평사.

강신항, 훈민정음연구, 1987, 성균관대학교출판부.

고영근, 국어학연구사, 1985, 학연사.

김민수, 국어정책론, 1984, 탑출판사.

김민수, 신국어학사, 1980, 일조각.

김민수, 국어학사의 기본이해, 1987, 집문당.

김민수 편, 남북의 언어, 어떻게 통일할 것인가?, 2002, 국학자료원.

김민수, 현대어문정책론, 2007, 한국문화사.

김병제, 조선어학사, 1984, 평양: 과학, 백과사전출판사.

김슬옹, 조선시대의 훈민정음발달사, 2012, 역락.

김주원, 훈민정음(사진과 기록으로 읽은 한글의 역사), 2013, 민음사.

김하수, 연규동, 문자의 발달, 2015, 커뮤니케이션스북스.

박영준, 시정곤, 정주리, 최경봉, 우리말수수께끼, 2002, 김영사.

서울대학교 대학원 국어연구회편, 국어연구 어디까지 왔나, 1990, 동아출판사.

신상순 역, 세계의 문자체계(Geoffrey Sampson, *Writing Systems*), 2000, 한국문화
사.

연규동 역, 문자의 원리(Gelb, I. J., *A Study of Writing*, 1962), 2013, 연세대학교
출판문화원.

이상혁, 언문과 국어의식, 국어국문학 121호, 1998, 국어국문학회.

이상혁, 애국계몽기의 국어 의식-국어관을 중심으로, 어문논집 41집, 2000, 안암어
문학회.

이상혁, 훈민정음 〈용자례〉 분석, 21세기 국어학의 과제, 2000, 월인.

이상혁, 훈민정음의 창제 목적에 대한 인문학적 시론과 15세기 언어관, 국어학의
새로운 조명, 2003, 역락.

이상혁, 조선 후기 훈민정음 연구의 역사적 변천, 2004, 역락.

이상혁, 훈민정음과 국어연구, 2004, 역락.

이상혁, 홍기문 〈훈민정음〉 번역과 국어학사의 한 경향, 한국어학 73호, 2016,

한국어학회.

이우성, 조선왕조의 훈민정책과 정음의 기능, 진단학보 42집, 1976, 진단학회.

이현희 외, 훈민정음의 한 이해, 2014, 역락.

정 광 외, 국어학사, 1997, 한국방송통신대 출판부.

정우영, 훈민정음 언해본의 정본 제작에 관한 연구, 국어사연구 7, 2007, 국어사학회.

정재환, 한글의 시대를 열다, 2013, 경인문화사.

최경봉, 한글민주주의, 2012, 책과함께.

최경봉, 우리말의 탄생, 2019, 책과함께.

홍윤표, 한글이야기 1, 2, 2013, 태학사.

Gari Ledyard, *The Korean Language Reform of 1446*, 국립국어연구원총서 2, 1998, 신구문화사.

Gelb, I. J., *A Study of Writing*, 1962, University of Chicago Press, Chicago.